7 Segundos de Optimismo

7 Segundos de Optimismo

J. G. Malakara

EDICIONES
CASTILLO
S.A. DE C.V.
MONTERREY
NUEVO LEÓN
MÉXICO

Editor:
Fabián Cabral

Asistente editorial:
Perla M. Maldonado Almanza

Diseño de Portada
Ernesto Rodríguez Avella

Diseño diagramación y composición electrónica
Ivonne A. Lozano Rodríguez

7 Segundos de Optimismo

© Edición revisada 1994
Vigésimanovena Edición 1998
Trigésima Edición 1999
Trigésima Primera Edición 2001

Ediciones Castillo, S.A. de C.V.
Priv. Fco. L. Rocha núm. 7
Col. San Jerónimo C.P. 64630
Apartado postal 1759
Monterrey, N.L., México
e-mail: castillo@edicionescastillo.com.mx
www.edicionescastillo.com.mx

Miembro de la Cámara Nacional de
la Industria Editorial Mexicana
Registro núm. 1029

ISBN: 968-6635-03-3

Impreso en México
Printed in Mexico.

Advertencia:

Este libro está compilado de tal manera que al ser abierto en cualquier página, el lector encuentre un mínimo de

SIETE SEGUNDOS DE OPTIMISMO.

Reconocimiento al autor J. G. Malakara:

Al inolvidable filósofo del amor y la amistad, que en su obra reunió pensamientos de fortaleza espiritual y gran dinamismo, siendo su contenido armonioso y, a la vez, práctico. Dejó honda huella en sus múltiples lectores y seguirá comunicando, a cuantos lean su libro, una gran dosis de optimismo.

Contenido

PRÓLOGO

En los precisos momentos en que el hombre se agita en un mundo poblado de inquietudes, dudas, incertidumbre, celos, temor, egoísmo, superstición, codicia y otras enfermedades propias de una de las épocas —en el eterno devenir— en que se acentúan estas dolencias espirituales; nos es grato presentar en breves fragmentos, una pequeña parte de la concepción de algunos de los grandes pensadores que con su inspiración han buscado, en una forma o en otra, iluminar la senda escabrosa de la humanidad.

Confiamos en que usted sabrá encontrar en esta crestomatía ideada para fines didácticos —de ingente necesidad para el mejoramiento de la conducta personal del individuo— el calor y el entusiasmo que el espíritu de estos destacados humanistas ha sabido plasmar en tinta, para orientar y llevar al lector hacia horizontes nuevos y luminosos.

Es nuestro deseo que este compendio cumpla su cometido, sobre todo con quienes, escasos de recursos, se encuentran imposibilitados para obtener todas y cada una de las obras literarias cuyos títulos aparecen al final de este libro.

Sin embargo, anhelamos muy sinceramente que las obras originales, íntegras, completas, puedan ser adquiridas por el lector, ya que en esta forma encontraría un extenso caudal de conocimientos, imposible de ser proporcionado en esta crestomatía.

Breve es la vida. Empecemos, pues, a entenderla, a comprenderla y a vivirla con optimismo.

J. G. Malakara.

Mi credo

Extraña es nuestra situación aquí en la vida pues nuestro paso por ella es como una visita, sin saber por qué; sin embargo, tal parece que tiene designio Divino.

Desde el punto de vista del diario vivir, hay algo más que sabemos: ese HOMBRE está aquí para el bien de otro HOMBRE... Sobre todo, para aquellos a quienes su sonrisa y bienestar es nuestra propia felicidad y, también, para incontables almas desconocidas, cuyo destino está relacionado con nosotros por un lazo de simpatía.

Muchas veces, durante el día, comprendo que mi vida externa e interna está estructurada y dependiente del trabajo de mis congéneres, algunos ya muertos, y otros aún viviendo; y cuán ardientemente debo esforzarme en SERVIR y DAR, en pago de lo mucho que he recibido.

Albert Einstein

Sólo por hoy

Sólo por hoy seré feliz. La felicidad es algo interior, no es asunto de fuera.

Sólo por hoy trataré de ajustarme a lo que es, y no trataré de ajustar todas las cosas a mis propios deseos. Aceptaré mi familia, mis negocios y la casualidad como son, y procuraré armonizar con todo ello.

Sólo por hoy cuidaré de mi organismo. Lo ejercitaré, lo atenderé, lo alimentaré, no abusaré de él ni lo abandonaré, procurando que sea una máquina perfecta.

Sólo por hoy trataré de vigorizar mi espíritu, aprenderé algo útil, no seré un haragán mental, leeré algo que requiera esfuerzo, meditación y concentración.

Sólo por hoy ejercitaré mi alma de tres modos: haré a alguien algún bien sin que él lo descubra y haré dos cosas que no me agrade hacer, sólo por ejercitarme.

Sólo por hoy seré agradable, tendré el mejor aspecto posible, me vestiré con la mayor corrección a mi alcance, hablaré en voz baja, me mostraré cortés, seré generoso en la alabanza, no criticaré a nadie, no encontraré defectos en nada y no intentaré dirigir ni enmendar los planes del prójimo.

Sólo por hoy trataré de vivir únicamente este día sin abordar a la vez todo el problema de mi vida. Puedo hacer en doce horas cosas que me espantarían si tuviera que seguir haciéndolas toda mi vida.

Sólo por hoy tendré un programa. Consignaré por escrito lo que espero hacer cada hora. Quizá no siga exactamente el programa, pero lo tendré. Eliminaré dos plagas: *la prisa y la indecisión*.

Sólo por hoy tendré media hora tranquila de soledad y descanso. En esa media hora pensaré a veces en lo Divino a fin de conseguir una mayor perspectiva para mi vida.

Sólo por hoy no tendré miedo y especialmente no tendré miedo de ser feliz, de disfrutar de lo bello, de amar y de creer que a quienes amo, me aman.

Dr. Frank Crane

¿QUIÉN ES UNA PERSONA NORMAL?

Las cualidades personales del sujeto normal:

1. Es un sujeto maduro psíquicamente que no se haya *fijado* (demasiado atraído) hacia sus padres, que piensa y se conduce como una persona desarrollada y tiene metas definidas en la vida.
2. Acepta los golpes y contratiempos de la vida filosóficamente.
3. Se halla demasiado ocupado para sentirse infeliz.
4. Está preparado para ganarse la vida y trabaja sin quejarse excesivamente.
5. Posee *joir de vivre,* alegría de la vida; se halla contento de estar vivo.
6. Puede acompañarse de casi cada individuo, tiene una personalidad flexible y se manifiesta humanamente comprensivo.
7. No actúa por impulsos, ha aprendido a dominar sus emociones, ejercita un juicio sano y es capaz de tomar decisiones inteligentes.
8. No es cínico y no alberga prejuicios neuróticos.
9. Trata de no meter la nariz en los asuntos de otras personas.
10. Se manifiesta como persona con tacto y no argumenta excesivamente. Es tolerante y generoso; no es un sujeto hipersensible y acepta la crítica ajena.

11. Tiene sentido del humor e irradia un fuerte sentimiento de seguridad en sí mismo.
12. Da amor y sabe compartirlo con algún otro, tiene fe en la humanidad y manifiesta una sana actitud hacia la gente que le rodea.
13. Conoce lo que ha hecho mal y es capaz de adquirir buen juicio de los errores del pasado.
14. Ha logrado alcanzar el deseado "modo de vida" que le permite valorar y vivir con placer en vez de con penas. Ha adquirido la capacidad de mantenerse en paz, así como de alegrarse la vida.

Frank S. Caprio, M. D.

EL VALOR DE UNA SONRISA

No cuesta nada, pero crea mucho. Enriquece a quienes reciben, sin empobrecer a quienes dan.

Ocurre en un abrir y cerrar de ojos, y su recuerdo dura a veces para siempre.

Nadie es tan rico que pueda pasarse sin ella, y nadie tan pobre que no pueda enriquecer por sus beneficios.

Crea la felicidad en el hogar, alienta la buena voluntad en los negocios y es la contraseña de los amigos.

Es descanso para los fatigados, luz para los decepcionados, sol para los tristes, y el mejor antídoto contra las preocupaciones.

Pero no puede ser comprada, pedida, prestada o robada, porque es algo que no rinde beneficio a nadie a menos que sea brindada espontánea y gratuitamente.

Y si en la extraordinaria afluencia del último momento alguien está demasiado cansado para brindarle una sonrisa, ¿podemos pedirle en cambio que nos deje usted una sonrisa suya?

Porque nadie necesita tanto una sonrisa como aquél a quien no le queda ninguna que dar.

Frank Irving Fletcher

NO PERMITA QUE NADIE LE HAGA DESISTIR DE SER USTED MISMO

A continuación, basándome un tanto en la lista de referencias y agregando mucho, estableceré cuarenta y tres afirmaciones que tienen que ver con ser uno mismo. Pocos serán quienes se reconozcan por completo al recorrerlas, pero si se toma un lápiz y se anota una marca ante cada afirmación que se crea sinceramente aplicable en el caso personal de cada quien, será de lo más revelador.

1. El hombre que conscientemente es él mismo, mantiene su aplomo en todos los casos, sea que las circunstancias le favorezcan o no.
2. Tiene pleno control de sus emociones en todo momento.
3. Posee una seguridad propia en cuanto emprende.
4. No se precipita.
5. A medida que avanza en éxitos, controla sus horas de trabajo y las condiciones del mismo.
6. Nunca critica o se queja de nada.
7. Jamás calumnia ni condena a nadie.
8. Nunca habla de sí mismo a menos que sea necesario, y eso sin arrogancia ni orgullo.
9. Es de amplio criterio en todos los temas y con toda la gente.
10. No le teme a nada ni a nadie.
11. Se ocupa en sus asuntos con una tranquila definición de propósito.

12. Antes de expresar una opinión se asegura de contar con todos los datos necesarios y no tiene miedo de decir "no sé".
13. No tiene prejuicios raciales ni religiosos.
14. Come con moderación y evita cualquier clase de exceso.
15. Sin pretender ser un experto en todo, siempre procura pensar con criterio propio.
16. Es un ciudadano consciente, que no se deja influir por "ismos" perjudiciales a su patria o a la economía de ésta.
17. No da pie para que haya quien se enemiste con él, pero, desde luego, no podrá evitar que haya quien no simpatice con él por el éxito que ha alcanzado.
18. Se encuentra en paz consigo mismo y con el género humano.
19. No podrá llegar a ser un pobre o un miserable, porque venga lo que viniere, en su interior nunca dejará de ser feliz y próspero.
20. Todos los miembros de su familia le aman y se regocijan al escuchar sus pasos que se acercan al llegar a casa.
21. Expresa su gratitud diariamente por los beneficios recibidos y comparte éstos con quienes tienen derecho a ello.
22. No busca tomar revancha de las injusticias de que ha sido víctima.
23. Cuando se habla de otros hace todo lo posible por evitar mencionar sus defectos, sin importar hasta qué punto éstos hayan sido en perjuicio de él.

24. Contempla el futuro estudiando el pasado y acepta que la historia se repite, y que las verdades eternas no cambian con los tiempos.
25. Mantiene una actitud mental positiva.
26. Es lento para acusar y pronto para perdonar.
27. Cuando los demás cometen errores involuntarios, los juzga con tolerancia.
28. No busca beneficiarse con negocios que causen daño a otros.
29. Se mantiene libre de la esclavitud de las deudas.
30. Habiendo adquirido toda riqueza que pueda usar útilmente, no busca ansiosamente más; no obstante, sabe con toda seguridad que puede ganar más si ello conviene.
31. Convierte las adversidades y fracasos en bienes.
32. Al sobrevenirle un contratiempo, sabe que éstos y los fracasos son temporales.
33. Tiene un objetivo de importancia en la vida y busca alcanzarlo.
34. Si algo le ha impedido la consecución de dicho objetivo, procede a analizar lo ocurrido y a beneficiarse de ello.
35. Su vida es la que él quiere que sea, y siempre será la que él esperaba que fuese.
36. A medida que va imaginando su éxito en su mente y logra materializarlo, deja que sean sus obras y no sus palabras, las que lo denoten.
37. Es querido por toda clase de gente, de todas razas y credos.
38. Es ejemplo viviente de lo que un hombre puede llegar a ser cuando asume el control de su mente y está dispuesto a vivir y a dejar vivir.

39. No le inquietan los pánicos y depresiones financieras más que lo que sólo a él le atañe.
40. Encuentra fácil obtener una plena y sincera colaboración de otros.
41. Es justo e imparcial con sus adversarios, pero casi es imposible de vencer porque posee una fuerza desconocida para la mayoría de los hombres.
42. Está fortalecido contra todo desengaño, porque sabe que todo lo que pueda ocurrir es con o sin causa evidente.
43. Actúa lo mejor que puede en todo tiempo, y nunca siente la necesidad de pedir disculpas cuando las circunstancias se vuelven en su contra.

¿Cuántos de estos puntos puede usted señalar? Si es usted poseedor de las tres cuartas partes de estas cualidades, es seguro que estará consciente de que es usted mismo, que vive su propia vida, que conoce su mente, que es usted sin temor ni afectaciones...

Napoleón Hill

La madurez

La *madurez* es una cualidad de la personalidad, constituida por una serie de elementos. Es una tendencia hacia la estabilidad, la capacidad de permanecer haciendo un trabajo, de permanecer en ello, de luchar hasta no terminarlo o hasta que uno haya dado todo lo que pueda o deba. Es la cualidad o capacidad de dar más de lo que se le ha pedido a uno en una situación determinada. Es la característica que hace que los demás cuenten con uno; por lo tanto, la cualidad de inspirar confianza. La persistencia es un aspecto de la madurez; la persistencia de seguir una meta a pesar de las dificultades que se presenten. El aguante o la paciencia también participan del concepto de la madurez, el aguante a las dificultades, a las cosas desagradables, a la incomodidad, a las frustraciones, a los asuntos difíciles. La capacidad de sobrepasar los problemas, de tomar decisiones son, también características de la madurez. Todo ello implica una considerable suma de sentimiento de independencia. Una persona madura no depende de nadie a menos que se halle enferma. La madurez incluye una determinación, una voluntad de cooperación; de trabajar con otros, de trabajar en una organización y bajo una autoridad. La persona madura es flexible; puede someter sus juicios al tiempo, a las personas, a las circunstancias.

El tipo maduro debe manifestarse tolerante, ser paciente, y sobre todo, poseer la cualidad necesaria de adaptabilidad y compromiso. En forma fundamental, la madurez representa una amalgama completa de dos cosas:

1º Descontento hacia el *status quo,* que incita a la agresión, voluntad del esfuerzo constructivo, y 2º Preocupación y devoción social. La madurez psíquica representa la moral del individuo.

Dr. Edward A. Strecker

¡IMPOSIBLE!

Imposible es la pared donde se estrellan todas nuestras habilidades, donde terminan todas nuestras ambiciones, donde amilanados y cobardes volvemos la espalda al enemigo para cederle el triunfo de la victoria. No, no hay imposibles. Los que llevamos en el corazón y en el alma esa chispa divina que nos descubre un porvenir glorioso, los que tenemos nervios para resistir y empujar a un cuerpo tembloroso y a un corazón que se pasma, no conocemos lo que es un imposible. No hay imposibles.

Hay cobardes que corren, hay espíritus apocados que lloran ante la desgracia, hay seres débiles que tiemblan ante el abismo; pero no hay imposible. El imposible está dentro del hombre y el hombre que se amilana, siempre ve fantasmas, siempre tropieza con obstáculos que no puede vencer y donde quiera se encuentra un imposible.

No te acobardes jamás. Si tú eres un rey, si tú tienes dentro de ti la chispa de la inmortalidad de Dios, si eres eterno, porque el alma no muere nunca, entonces has vencido al tiempo, existes en la eternidad y tienes en tus manos el material poderoso para vencer donde quieras: el tiempo que forma la vida. ¿Qué te falta entonces para vencer? Todo lo que está circundado por el inmenso plano del pensamiento, puede quedar sujeto al hombre de una manera relativa.

Tú puedes conquistar una estrella. No es imposible conquistarla; lo difícil es buscar el medio. Tú quieres que la estrella baje hacia la eterna penumbra donde te encuentras y no bajará. Las estrellas son soles que alumbran mundos siderales y no bajarán a alumbrar un mísero ser quien apenas se arrastra en este mundo opaco; pero si tú extiendes el ala del pensamiento, si te elevas y elevas tu alma hasta la excelsitud sublime donde se encuentran las estrellas, las envolverás con tu pensamiento, con tu raciocinio, con tu conciencia misma y al conocerlas por medio de los ojos poderosos de la ciencia y de la razón, las habrás conquistado. Una estrella no podrá jamás conocerte a ti; pero tú sí podrás conocer a una estrella. Puedes conquistarla.

Lucha, estudia, elévate y serás grande y serás poeta y al conquistar una estrella, puedes convertirla en perla y colocarla en la frente de tu amada donde brillará engarzada en la estrofa palpitante de un verso majestuoso.

Esfuérzate y lucha. Las grandes nebulosidades que cubren el porvenir de los hombres, no son imposibles que se acumulan para cerrar su marcha hacia el progreso, no, la marcha del hombre es eterna y esas nubes que se presentan ante nuestros ojos en el oscuro devenir de la vida, son adornos que marcan el horizonte, son neblinas que lejos se miran nubes y de cerca son apenas unas cuantas gotitas de agua que nos refrescan.

¡Adelante! Que tu marcha sea una marcha triunfal por el mundo, por el viejo mundo que apenas es un escalón en nuestra vida eterna. No le temas a nada. No mires un pequeño detalle como la resolución completa de la vida del hombre. La vida estará escrita en la eternidad y ahí tiene el hombre que marcar su paso por etapas que viven en diferentes mundos. Dentro de ti mismo existe el eterno combate, la eterna agitación; tu pensamiento, tus energías de ahora, no son las energías ni los pensamientos de ayer. Hoy has evolucionado también y siempre encontrarás que eres un ser que no se detiene, que se mueve y agita sin cesar y que nada lo resiste, lo único que le falta saber, es cómo y cuándo combatir, y cuando sepa cómo se combate, no hay empresa, no hay obstáculos, no hay paredes, no hay imposibles que le detengan. La marcha progresiva de una alma infinita no la detienen ni el tiempo ni la muerte, camina derecha hacia la perfección donde la espera Dios.

Sigue adelante. Que no te detenga un obstáculo al que tu torpeza y por tu ignorancia has dado en llamarle un imposible. La fuerza del espíritu es la más poderosa del mundo, si se tiene la conciencia de que las fuerzas inteligentes y las fuerzas morales, solamente se reconcentran en el ser pensante.

¡Adelante! No hay imposibles. No te levantes en tu camino fantasmas que después te aterroricen y te hagan temblar. Tú contra todo y no importa lo que luches y lo que sufras; el cuerpo se fortalece mientras más se golpea y el espíritu se purifica mientras más se sufre. Golpéate y sufre; pero sigue adelante con tu empresa y borra para siempre esa terrible palabra que no existe: imposible.

Se grande, se fuerte y enséñate como los héroes a convertir los imposibles en acciones, en hechos, en cosas realizadas.

Juan T. González

AYER, HOY Y MAÑANA

Hay dos días en cada semana que no deben preocuparnos, dos días que no deben causarnos ni tormento ni miedo.

Uno es AYER con sus penas y tribulaciones. AYER con sus errores e inquietudes, con sus flaquezas y desvíos, con sus penas y tribulaciones. AYER se marchó para siempre y está ya fuera de nuestro alcance.

Ni siquiera el poder de todo el oro del mundo podría devolvernos el AYER. No podremos deshacer ninguna de las cosas que AYER hicimos; no podremos borrar ni una sola palabra de las que AYER dijimos. AYER se marchó para no volver.

El otro día que no debe preocuparnos es el MAÑANA con sus posibles adversidades, dificultades y vicisitudes, con sus halagadoras promesas o lúgubres decepciones. MAÑANA está fuera de nuestro alcance inmediato. MAÑANA saldrá el sol, ya sea para resplandecer en un cielo nítido o para esconderse tras densas nubes, pero saldrá, porque todavía MAÑANA está por nacer.

Sólo nos resta un día HOY. Cualquier persona puede confrontar las refriegas de un solo día y mantenerse en paz. Cuando agregamos las cargas de esas dos eternidades, AYER y MAÑANA, es cuando caemos en la brega y nos inquietamos.

No son las cosas de HOY las que nos vuelven locos. Lo que nos enloquece y nos lanza al abismo es el remordimiento o la amargura por algo que aconteció

AYER y el miedo de lo que sucederá MAÑANA.

De suerte que nos conformaremos con vivir un solo día a la vez para mantenernos saludables y felices.

LA AMISTAD ES UN ALMA EN DOS CUERPOS

Tres categorías de amistades provechosas hay, y otras tres perjudiciales, según Confucio, el filósofo de las definiciones lindantes con la ternura del corazón: Son provechosas: *la amistad con el hombre estudioso, la amistad con el ciudadano observador y la amistad con el hombre sincero.*

Son perjudiciales: la amistad con el ignorante que presume de sabio: la amistad con el hipócrita y la amistad con las personas que basándose en conjeturas se expresan cruelmente de sus vecinos.

Tan bella definición de la amistad está basada en la observación de la naturaleza humana.

La mayoría de los seres humanos sustenta un concepto erróneo del significado de la amistad. Considera como amigos a las personas que tan sólo conoce superficialmente. Ignora que la amistad es según Aristóteles: un alma en dos cuerpos.

En el transcurso de nuestra existencia efímera podemos conocer a infinidad de personas. Pero no todas estas personas podrán ser consideradas en el círculo de nuestras amistades.

Y, quien quiera cometa el error de llamar amigo al primero que conozca, sabrá en fecha no lejana la amargura del desengaño de las falsas amistades, de los amigos que cubren su faz con la máscara del dolo para medrar a sus anchas. Los amigos oportunistas ignoran o quieren ignorar que la amistad verdadera es un intercambio de afectos, servicios y buena voluntad, y que, si bien "los amigos son para servir" asimismo los amigos son para ser servidos de acuerdo con la ley de la reciprocidad que es la base medular de las buenas o malas relaciones humanas.

Si un jefe de familia, v.gr., es un amantísimo esposo y tierno padre no podrá menos que ser amado en su hogar.

Pero si esta misma persona adquiere el vicio del alcohol y súbitamente se muestra cruel con los suyos y pésimo proveedor para su familia, es natural, está dentro de las leyes universales, que su propia familia no lo trate con el cariño de otros días. Sus mismos hijos que antes solían esperarlo ansiosamente cuando llegaba de la oficina o del taller, no le tratarán con la misma ternura filial.

Y, si esta violación de la ley de la reciprocidad ocasiona este distanciamiento entre padres e hijos, entre marido y mujer, ¿cuánto más notable no será entre personas que no guardan vínculos consanguíneos, como es el caso entre simples amigos?

En condiciones normales hay que solicitar de los amigos los menos favores posibles, molestar lo menos mientras más los apreciemos. En tanto que conviene tratarlos con amabilidad en cualquier circunstancia de la vida, y obsequiosos en la prosperidad.

Samuel Johnson dijo: *Debemos conservar nuestras amistades siempre alimentadas con el fuego del afecto, el calor del entusiasmo y la viva llama del aprecio.*

Quiso así decir, que con la misma solicitud con que las vestales romanas cuidaban el fuego sagrado de sus dioses deberíamos vigilar la llama del aprecio y el amor por nuestras amistades.

De suerte que es de urgente necesidad que en alguna forma correspondamos las atenciones, los servicios y los favores de las personas que nos obsequian con su amistad sincera.

Si desafortunadamente nos es imposible pagar las deudas de la amistad con cosas materiales será preciso recurrir a las palabras de afecto y aliento. *Pero es necesario, es urgente, es imprescindible, que correspondamos con algo a la buena voluntad de las personas que nos consideran como amigos.*

La misma Madre Tierra parece decirnos:

Aquí me tienes a tu disposición para producir los frutos que anhelas para tu provecho, siempre que solícitamente cultives mi superficie. Entonces y sólo entonces produciré los frutos para tu satisfacción. Más si te niegas a servirme yo también me negaré a producir los frutos que anhelas. Y sólo abrojos y hierbas inútiles produciré en vez de mieces que desearías para tu contentamiento.

Así acontece con la amistad regida por las leyes morales a la manera como la Madre Tierra está gobernada por las leyes físicas.

SEMBREMOS EN EL CORAZÓN DE LOS HOMBRES, PUES, LA SEMILLA DE LA RECIPROCIDAD Y EL APRECIO SI ES NUESTRO DESEO COSECHAR LOS FRUTOS DE LA AMISTAD.

L. G. Leguz

La regla de oro

Si somos tan despreciables, por egoístas, que no podemos irradiar algo de felicidad y rendir en un elogio honrado, sin tratar de obtener algo a cambio, si nuestras almas son de tal pequeñez, iremos al fracaso; a un fracaso merecido...

Hay una ley de suma importancia en la vida y conducta de la humanidad. Si obedecemos esa ley, casi nunca nos veremos en aprietos. Si la obedecemos, obtendremos constante felicidad e innumerables amigos. Pero en cuanto quebrantemos la ley, esa ley, nos veremos en interminables dificultades. La ley es esta: *Trate siempre de que la otra persona se sienta importante.*

El profesor John Dewey ha enseñado que el deseo de ser importante es el impulso más profundo que anima el carácter humano; el profesor William James: "El principio más profundo en el carácter humano es el anhelo de ser apreciado". Como ya lo he enseñado, ese impulso es el que nos diferencia de los animales. Es el impulso que ha dado origen a la civilización misma. Los filósofos vienen haciendo conjeturas acerca de las reglas de las relaciones humanas desde hace miles de años, y de todas esas conjeturas ha surgido solamente un precepto importante. No es nuevo. Es tan viejo como la historia. Zoroastro lo enseñó a sus discípulos en el culto del fuego, en Persia hace tres mil años. Confucio lo predicó en China hace veinticuatro siglos. Lao Tse, el fundador del taoísmo, lo inculcó a sus discípulos en el valle de Han. Buda lo predicó en las orillas del Ganges quinientos años antes de Cristo. Los libros sagrados del hinduismo, miles de años atrás de esto ya lo enunciaban. Jesús lo enseñó entre las pétreas montañas de Judea hace diecinueve siglos, y lo resumió en el precepto quizá más importante del mundo: "haz al prójimo lo que quieres que el prójimo te haga a ti".

Usted quiere la aprobación de todos aquellos con quienes entra en contacto. Quiere que se reconozcan sus méritos. Quiere tener la sensación de su importancia en su pequeño mundo. No quiere escuchar adulaciones baratas, sin sinceridad, pero anhela una sincera apreciación. Quiere que sus amigos y allegados sean *"calurosos en su aprobación y abundantes en su elogio"*. Todos nosotros lo deseamos.

Obedezcamos, pues, la Regla de Oro y demos a los otros lo que queremos que ellos nos den: ¿Cómo? ¿Dónde? ¿Cuándo? La respuesta es: siempre, en todas partes.

Dale Carnegie

Búsquese problemas

Cada día dé gracias por los problemas que le ofrece su trabajo, pues seguramente de ellos proviene la mitad de su sueldo y su actual bienestar.

Evidentemente, si no fuera por las cosas que salen mal, por la desconsideración del prójimo y por las dificultades y contrariedades que suele presentarle el trabajo, tenga por cierto que no sería tarea difícil encontrar a alguien que ocupara su puesto por la mitad de lo que a usted le pagan.

Para solucionar los problemas de todo trabajo se necesita cierto grado de inteligencia, agilidad mental, paciencia, tacto, decisión, pero sobre todo, y en gran medida: buena voluntad y entusiasmo. Esto explica por qué ocupa usted su actual posición y puede explicar por qué no ocupa otra mejor.

Si todos comenzáramos a buscar MÁS PROBLEMAS y aprendiéramos a resolverlos con ánimo levantado y criterio sano, tomándolos como OPORTUNIDADES y no como contrariedades, pronto descubriríamos que adelantamos con sorprendente rapidez. Porque es un hecho innegable que existen numerosas vacantes en puestos importantes, listos para ser ocupados por personas que no temen ni rehuyen los problemas que tales puestos traen consigo.

La mayoría de los temores son infundados

Los temores de cualquier índole substituyen el sosiego espiritual por la intranquilidad, perturbando no sólo el corazón sino el cerebro.

La generalidad de los temores que sufre el espíritu son *infundados*. Y el antídoto para estas perturbaciones sin fundamento sería no sólo un corazón valeroso sino el análisis de las acciones y eventos mundanos.

Sin saber con certeza la existencia de la vida supraterrenal, millones de personas se preocupan de los castigos que *temen recibir en el más allá*.

Su falta de raciocinio les impide llegar a la conclusión de que Dios sería indigno de su propia grandeza y de su potestad de Dios, si premiara o castigara las acciones humanas. Desde el momento en que es un hecho indiscutible que el destino de cada persona quedó escrito cinco o más generaciones antes de su nacimiento.

En otras palabras, lo que serán y lo que harán los bisnietos de nuestros nietos estamos proyectándolo ahora mismo no sólo con nuestras acciones sino con nuestra manera de pensar. En el protoplasma de la célula fecundante encuéntrase adherido el pensamiento y las acciones de los siglos.

Y si esto es una verdad prístina que sólo las mentes trastornadas por la superchería pueden poner en duda, entonces ¿Qué persona de mente equilibrada podría considerar que un Dios justiciero y magnánimo castigue los actos de esos futuros seres humanos?

Pero en lo que ataña a otra índole de temores, es necesario por nuestro propio bienestar borrar de nuestra vida los miedos infundados, si es nuestro deseo que nuestros esfuerzos pasmen los anhelos del corazón. Puesto que *el temor no sólo invalida el esfuerzo físico sino a la propia mente.*

L. G. Leguz

ADQUISICIÓN DE LA RIQUEZA

Cuando el cuerpo está sano, la mente está alerta, se aguza y da eficacia productiva a los poderes creadores de la Mente Divina que por su medio actúan. Entonces puede el hombre vencer los obstáculos que se oponen al logro de sus deseos e influir decisivamente, sin dudas ni vacilaciones, en las mentes ajenas. Entonces es verdaderamente dueño de sí mismo, el capitán del buque, capaz de desviarlo del hado y del destino, con rumbo a la meta de sus sueños, hacia las playas de paz que nimba el arco iris; pues todo experto navegante sabe conducir su buque a un punto de cualquier horizonte lejano.

Otro preciado beneficio es la receptividad. Para recibir es necesario dar. Según damos, así recibimos. Es la ley de las compensaciones. Nadie ha logrado todavía eludir esta ley ni encontró medio de contravenirla o negarla. La mente humana ha de hacerse receptiva a las impresiones intuitivas enviadas por el Cósmico, y a la quieta y silenciosa voz interna que procura dirigir y guiar al hombre en todos sus actos, pensamientos y propósitos. Debe el hombre hacerse receptivo a los estímulos de la Mentc universal, a los clamores, necesidades, deseos y aspiraciones de la masa general de la humanidad, para escuchar las demandas del prójimo, conocer las esperanzas de quienes proyectan en el espacio universal sus ideas creadoras y demandan auxilio para realizarlas. La mente receptiva ha de ser capaz de armonizarse con la divina Conciencia para poseer la ilimitada sabiduría, el infinito conocimiento y la comprensión universal de las cosas en su plena realidad. Para ser receptivo debe el hombre dar de sí su fruto y contribuir con su labor para recibir algo en retorno. La vida le dará en colmada medida lo que ponga en ella.

Guárdese el que busca riqueza de concentrarla en el oro, a menos que lo utilice en la adquisición de las cosas apetecibles de la vida simbolizadas en la índole del metal.

Guárdese quien quiera ser rico de cifrar su deseo en el dinero que llega a las manos y de ellas se va sin dejar impresión de gozo ni la realización de los sueños que inspiró su llegada.

En el hogar y en los negocios ha de pedir el hombre al Cósmico, día y noche y a cada ocasión, la riqueza de la salud, la riqueza del talento, la riqueza de la alegría de vivir, del contento resultante de satisfacer con las condiciones del ambiente, aunque procurando mejorarlas, la riqueza de la dicha que existe en nuestra vida cuando la descubrimos, la riqueza de la paz que el universo concede a todos los seres, la riqueza de la vida en sí que nos permite conocer quiénes somos y quiénes hemos de ser.

Esta clase de peticiones, seguidas de acción de gracias por lo que ya poseemos, armonizarán diariamente al peticionario con la abundante riqueza del universo, y no tardará en ver aquella opulencia, prosperidad, salud y dicha, aquellas bendiciones materiales y espirituales que anhela...

H. Spencer Lewis

Plenitud

Siempre que haya un hueco en tu vida, llénalo de amor.

Adolescente, joven, viejo: siempre que haya un hueco en tu vida, llénalo de amor.

En cuanto sepas que tienes delante de ti un tiempo baldío, ve a buscar el amor.

No pienses: "sufriré"

No pienses: "me engañarán"

No pienses: "dudaré"

Ve, simplemente, diáfanamente, regocijadamente, en busca del amor.

¿Qué índole de amor? No importa: todo amor está lleno de excelencia y de nobleza.

Ama como puedas, ama a quien puedas, ama todo lo que puedas... pero ama siempre.

No te preocupes de la finalidad de tu amor.

Él lleva en sí mismo su finalidad.

No te juzgues incompleto porque no responden a tus ternuras: el amor lleva en sí su propia plenitud.

Siempre que haya un hueco en tu vida, llénalo de amor.

Amado Nervo

El amor: su poder

El amor es la fuerza potente del universo, por la cual todo existe.

Amor es el ritmo en cada átomo, amor es latido en cada corazón. Porque el amor es el grito del alma. El amor es todopoderoso.

Ama más y pronto tendrás el poder creado por el amor. Usa su fuerza y las energías del universo te serán comprendidas. El amor es lo divino en todo, y siempre que vivas el amor, lo divino se manifestará en ti y podrá alcanzar a otros a través de ti.

No existe ley más alta que la del amor. Amor es el poder que gobierna al mundo; todo lo que se hace por él, tiene tras de sí la potencia de la ley universal. No confundas el sentimentalismo con el amor, el amor es, la voluntad de ayudar. Sólo el amor puede dominar.

El amor es la palabra mágica que conduce hacia la libertad, el poder y el conocimiento. Sólo el amor dominará los obstáculos en nuestro sendero. Sin el poder del amor, la creación no existiría; y el hombre tiene que despertarse y reconocer que el amor es el único poder que puede revivir al mundo y libertar el alma.

Si no existiera el amor, ¿cómo podría progresar el mundo? A través del amor vino a la existencia y a través del amor se ha redimido. Pero el hombre mismo tiene que hacerlo.

Haz del amor una realidad a tu alrededor y no una cosa vaga apartada de ti. Está ahí presente, úsalo y vívelo, dalo a todos sin excepción. Debes amar a todos, sin importarte que lo merezcan o no, según tus ideas.

Toda alma nos es querida y tienes que amarlas a todas, como vehículo universal. Da el amor con abundancia, sin importarte lo que los demás hagan. Sé puro, fuerte y ama. Vive con el amor siempre, hasta que se convierta en el latido de tu corazón, en aliento mismo de tu vida.

Debes manifestar el amor como tu propia vida; que es él. Pero es preciso que lo hagas tú mismo, nadie puede amar al mundo por ti. Lleva amor a todas partes donde vayas. El amor, siempre más amor, debe y puede ser vivido por la humanidad, hasta que al final sea ella misma una viviente expresión de amor y ayuda.

Compenétrate de tal modo del amor, que ningún pensamiento que no lleve su mensaje, no sea emitido jamás en tu conciencia.

Que brote el amor tan naturalmente de ti, como el perfume que exhala la flor; y deja que todos los que te rodean inhalen ese divino aliento.

Curemos al mundo por amor. Vivámoslo primero, enseñémoslo a todos.

Kier

SI...

Si puedes estar firme cuando en tu derredor todo el mundo se ofusca y tacha tu entereza; si cuando dudan todos, fías en tu valor y al mismo tiempo sabes excusar tu flaqueza;

Si puedes esperar y a tu afán poner brida, o blanco de mentira esgrimir la verdad, o siendo odiado, al odio no le dejas cabida y no ensalzas tu juicio ni ostentas tu bondad;

Si sueñas, pero el sueño no se vuelve tu rey, si piensas y el pensar no mengua tus ardores; si el triunfo y el desastre no te imponen su ley y los tratas lo mismo, como a dos impostores;

Si puedes soportar que tu frase sincera sea trampa de necios en boca de malvados, o miras hecha trizas tu adorada quimera y tornas a forjarla con útiles mellados;

Si todas tus ganancias poniendo en un montón las arriesgas osado en un golpe de azar, y las pierdes y luego con bravo corazón y sin hablar de penas vuelves a comenzar;

Si puedes mantener en la ruda pelea alerta el pensamiento y músculo tirante, para poder emplearlos cuando todo flaquea menos la voluntad que te dice: Adelante;

Si entre la turba das a la virtud abrigo; si marchando con reyes del orgullo has triunfado; si no pueden herirte ni amigo ni enemigo; si eres bueno con todos, pero no demasiado;

Si puedes sellar los preciosos minutos con sesenta segundos de combate bravío, tuya es la tierra y todos sus codiciados frutos... Y lo que más importa: ¡Serás Hombre, hijo mío!

Rudyar Kipling

SIETE REGLAS

1. Lo primero es mejorar la salud. Para ello hay que respirar con la mayor frecuencia posible honda y rítmicamente, llenando bien los pulmones al aire libre o asomado a una ventana. Beber diariamente, en pequeños sorbos, uno o dos litros de agua; comer muchas frutas, masticar los alimentos del modo más perfecto, evitar el alcohol, el tabaco y las medicinas, a menos que estuviésemos por alguna causa sometidos a tratamiento. Bañarnos diariamente es un hábito que debemos a nuestra propia dignidad.

2. Desterrar en lo absoluto de nuestro ánimo, por más motivos que existan, todo pesimismo, rencor, odio, tedio o tristeza. Huir, como de peste, de *toda* ocasión de tratar a personas maldicientes, viciosas, ruines, murmuradoras, indolentes, chismosas o vulgares e inferiores por natural bajeza de entendimiento. La observancia de esta regla es de importancia vital; se trata de cambiar la espiritual contextura de nuestra alma. Es el único medio de cambiar nuestro destino pues éste depende de nuestros pensamientos y actos. El *azar* o la *suerte* no existen.

3. Haz todo el bien posible. Auxilia a todo desgraciado, siempre que puedas, pero jamás tengas debilidades por ninguna persona. Debemos cuidar nuestras propias energías y huir de todo sentimentalismo.

4. Debemos olvidar toda ofensa. Más aún: debemos esforzarnos por pensar bien de nuestros mayores

enemigos. Nuestra alma es un templo que no debe jamás ser profanado por el odio.

5. Debemos recogernos todos los días en donde nadie pueda turbarnos, siquiera por media hora, sentarnos lo más cómodo posible, con los ojos medio entornados y tratando de no pensar en nada. Esto fortifica enérgicamente al cerebro y el espíritu y nos pondrá en contacto con los buenos pensamientos. En este estado de recogimiento y de silencio suelen ocurrírsenos luminosas ideas susceptibles de cambiar toda una existencia. Con el tiempo todos los problemas que se presenten serán resueltos victoriosamente por una voz interior que nos guiará en tales instantes de silencio, a solas con nuestra conciencia. Este es el *DAIMON* de quien hablaba Sócrates.

6. Debes guardar absoluto silencio de todos tus asuntos personales. Abstenerte como si hubieses hecho juramento solemne, de referir a los demás, aún a tus íntimos, todo cuanto pienses, oigas, sepas, sospeches, aprendas o descubras. Por un largo tiempo, al menos, debes ser como una casa tapiada o jardín sellado. Es regla de suma importancia.

7. Jamás temamos a los hombres ni nos inspire sobresalto el día de mañana. Tengamos nuestra alma fuerte y limpia y todo saldrá bien. Jamás nos creamos solos ni débiles, porque hay detrás nuestros ejércitos poderosos que no concebimos ni en sueños. Si elevamos nuestro espíritu no habrá mal que pueda tocarnos. El único enemigo a quien debemos temer es a nosotros mismos. El miedo y desconfianza del futuro, son madres funestas de todos los fra-

casos, atraen malas ideas y con ellas el desastre. La riqueza no es sinónimo de dicha; la dicha duradera sólo se consigue por otros caminos ahí donde nunca impera el Satán de la leyenda; cuyo verdadero nombre es EGOÍSMO. Jamás debemos quejarnos de nada. Dominemos nuestros sentidos; huyamos tanto de la modestia como de la vanidad, porque son funestas para el éxito. La modestia nos sustrae fuerzas y la vanidad es nociva.

Paracelso

El trueno

¡Pobre trueno! Millares y millares de veces fuiste espantajo de quienes demasiado ignorantes o demasiado tímidos para afrontar su propia flaqueza, no supieron ser dueños absolutos de sí mismos y se convirtieron en abyectos y esclavos. Meditar en ello, ¡cuánta luz nos da! El hombre, creado a imagen y semejanza del Eterno, nacido para dominar la naturaleza, teme, se amilana y humilla ante una leve conmoción de la pura y vivificante atmósfera. Pero aún estos espantajos no es necesaria ayuda en nuestros constantes esfuerzos para sustraernos a la ilusión de las cosas.

El mejor medio de no temer los espantosos efectos que por ignorancia atribuyen muchos al trueno es la pura y saludable disposición de ánimo que muden nuestras ideas respecto a este fenómeno atmosférico, reconociendo que no tiene otro poder que el que nosotros le atribuimos. De esta suerte nos pondremos en armonía con él y se desvanecerá el temor que nos infunde. Pero, ¿y quién tenga delicada salud o le afecten especialmente los truenos? Que proceda primero con cierta prudencia, y evite por lo pronto los truenos horrísonos sobre todo si no siente todavía el valor para resistirlos impávido y aún los teme. Debe recurrir en esta como en todas ocasiones al *sentido común*, supremo regulador de toda vida.

Si hemos nacido para dominar, según lo demuestra el absoluto dominio que algunos lograron (y lo que uno ha hecho, pronto pueden hacerlo todos), no es necesario que vivamos sujetos al yugo de un agente físico. En el grado en que reconozcamos nuestras fuerzas interiores, seremos capaces de gobernar y mandar; en el grado en que dejemos de reconocerlas, seremos esclavos y siervos. Construiremos todo cuanto a nosotros se acerca por ministerio de la ley natural, que, por serlo, es también ley espiritual.

La síntesis de la vida humana es causa y efecto; nada existe por casualidad en ella ni tampoco en el universo entero. ¿Nos repugna lo que se pone en contacto con nuestra vida? Pues no perdamos tiempo en porfías con el imaginario hado, sino miremos a nuestro interior y removamos las fuerzas operantes a fin de que llegue a nosotros lo que deseamos que llegue. Esto no sólo es cierto por lo que al cuerpo físico se refiere, sino en todos los aspectos y condiciones de vida. Podemos invitar a que, sea lo que sea, penetre en nuestro ser; pero si así no lo hacemos, no podrá ni querrá penetrar. A primera vista, es muy difícil de creer y aún de experimentar esta afirmación; pero a medida que sobre ella se medite con sinceridad y sin celajes en el entendimiento, estudiando la serena y sutil operación de las fuerzas mentales hasta notar sus efectos en el interior y en torno a nuestro ser, llegaremos a comprenderla fácil y evidentemente.

Y entonces, cualquier cosa que nos afecte quedará sujeta a las condiciones en que nuestro estado mental lo reciba. ¿Le molesta tal circunstancia o condición? Es porque así lo quiere usted y así lo permite. Ha nacido para tener absoluto albedrío en el dominio de usted mismo; pero si voluntariamente abdica de esta facultad en algún agente extraño, será éste por razón natural, el monarca y usted el súbdito.

Para vivir tranquilos debemos buscar primeramente nuestro centro propio, mantenernos firmes en él, gobernar el mundo desde nuestro interior. Quien no condiciona las circunstancias invierte el régimen y queda condicionado por ellas. Halla tu centro y vive en él sin cederlo a personas ni cosas algunas. En el grado en que esto se logre, te mantendrás más y más firme. ¿Y cómo puede hallar su centro el hombre? Reconociendo su unión con el Hacedor y viviendo continuamente en este reconocimiento.

Pero si no sabe gobernar el mundo desde nuestro propio centro, si se confiere a esto o a aquello el poder de acarrearnos molestia, daño o desgracia, entonces debemos recibir lo que acarreamos y no injuriemos a la eterna bondad y beneficencia de todas las cosas.

Plenitud encontrará en la tierra
Quien tenga cuerpo sano y alma entera;
Más la tierra será yermo quebrado
Para quien haya el ánimo apocado.

Si la suciedad de materias extrañas ciega los ojos de vuestra alma, sucio os parecerá el mundo que miréis por ellos, porque todo es del color del cristal con que se mira. Por lo tanto, cesen vuestras lamentaciones, guardaos vuestro pesimismo, su ¡pobre de mí!; niegue si le place que los ojos de su alma estén morbosamente necesitados de algo; pero reconozca que el eterno sol ilumina los ojos de su hermano y le permite ver sin sombras el interior de su conciencia y el mundo de los sentidos; reconozca que su hermano vive en un mundo distinto del suyo. Esclarezca su vista y contemplará pronto la maravillosa hermosura de ese otro mundo; y si en él no encuentra belleza; prueba será de que jamás la encontrará en parte alguna.

Shakespeare puso en boca de uno de sus personajes: "La culpa, querido Bruto, no es del destino, sino de nosotros mismos, que nos rendimos a él..."

R. W. Trine

MADUREZ

La madurez entraña la actitud de dar, más que la de recibir. La madurez trae consigo una hermosa preocupación: alegrar la vida de otras personas. Con esta preocupación, los horizontes, las perspectivas, la simpatía se ensanchan. La persona que posee esa madurez no vive en un reducido encierro, tratando a tientas de coger, de agarrar cuanto le sea posible en sus oscuros límites sino que camina a la luz del sol por el mundo inmenso, encontrando a otras personas interesantes que merecen el esfuerzo de conocer y dar.

Verdaderamente, en su mezquina posición, el habituado a recibir jamás se entera de la dicha indescriptible que proporciona el dar; sólo se entera de la continua falta de salud originada por sus tensas emociones, agarrotadas, de presa.

La madurez está formada por las siguientes cualidades:

1. Un sentimiento bien arraigado de responsabilidad e independencia.
2. Una actitud dadivosa antes que receptora.
3. Evolucionar desde el egoísmo y la rivalidad hasta el espíritu de cooperación y la conciencia de participación en la empresa universal humana.
4. Reconocer y aceptar las restricciones sociales en el terreno sexual, y hacer de la sexualidad un factor entre muchos para una vida matrimonial dichosa.

5. Comprender que la hostil agresividad, la cólera, el odio, la crueldad y la beligerancia son muestras de debilidad y que la amabilidad, la afectuosidad y la buena voluntad son pruebas de fortaleza.
6. Saber distinguir los hechos de las fantasías.
7. Ser flexible y adaptable a los cánones dictados por el hado y la fortuna.

John A. Schindler, M. D.

DAR

Todo hombre que te busca va a pedirte algo; el rico aburrido, la amenidad de tu conversación; el pobre, tu dinero; el triste, un consuelo; el débil, un estímulo; el que lucha, una ayuda moral. Todo hombre que te busca de seguro ha de pedirte algo.

¡Y tú osas impacientarte! Y tú osas pensar: ¡Qué fastidio! ¡Infeliz! ¡La ley escondida que reparte misteriosamente las excelencias, se ha dignado otorgarte el privilegio de los privilegios, el bien de los bienes, la prerrogativa de las prerrogativas: ¡Dar! ¡Tú puedes dar!

¡En cuántas horas tiene el día, tú das, aunque sea una sonrisa, aunque sea un apretón de manos, aunque sea una palabra de aliento!

En cuantas horas tiene el día, te pareces a Él, que no es sino dación perpetua, difusión perpetua y regalo perpetuo.

Debieras de caer de rodillas ante el Padre y decirle: ¡Gracias porque puedo dar, Padre mío! ¡Nunca más pasará por mi semblante la sombra de la impaciencia! "¡En verdad os digo que vale más dar que recibir!"

Amado Nervo

Decálogo de la eficiencia

1. Haga el trabajo más difícil a primera hora de la mañana.
2. Cuanto más sepa, tanto más fácil y eficaz será su labor.
3. Las raíces agarradas a la vieja tierra pueden convertirse en tumbas. Tenga iniciativa.
4. Hay una sensación admirable de satisfacción al realizar el trabajo bien hecho. Tenga amor al trabajo.
5. La exactitud es mejor que la rapidez.
6. Un corazón valiente superará todas las dificultades. Tenga valor.
7. Cultive su personalidad. La personalidad es al hombre lo que el perfume a las flores.
8. Sonría siempre. La sonrisa es el rayo de sol que consigue abrir las puertas.
9. Sólo las personas amistosas llegan a convertirse en jefes amistosos. Se amistoso.
10. Rinda el máximo. Porque si le ofrece a usted al mundo lo mejor de sí mismo, muy pronto el mundo le dará a usted lo mejor que puede brindarle.

¡VENGANZA!

¿Qué esperas acobardado y triste, que no levantas la mano para pegar? ¿La ofensa que hiere tu sensibilidad y que te lastima será más fuerte que tú? ¿Dejas que te peguen golpe tras golpe y tú con la calma del borrico inclinas la cabeza para amortiguar la rudeza del destino? ¡Cobarde entre los cobardes! ¡Ni siquiera protestas contra la injusticia, ni siquiera respondes mostrando tu virilidad! ¿Crees que el que te pega deserta cuando encuentra facilidad donde golpea? ¿Crees en el milagro, en la ilusión, en la mentira?

¡No! ¡Levanta la cabeza! ¡Yérguete grande que naciste grande! ¡La chispa de luz que hay en ti es un océano que puede inundar el infinito! ¡La potencia de tu ser no debe ser superada por los obstáculos! ¡Despierta y véngate que sólo la venganza puede balancear tus fuerzas!

Vengarse es recuperar lo perdido, es probar nuestra fuerza ante las fuerzas que nos acometen, es evolucionar hacia la luz y convertirnos en luz, es sacar de una derrota la victoria poderosa que nos consuela y nos satisface cuando nos baña con su cantar de gloria soberbio y orgulloso. Es escalar, es subir, es triunfar sobre lo malo para colocar nuestra mínima de luz ardiendo en vida y entusiasmo sobre la cumbre de la montaña de la ambición. Vengarse es la lucha y la lucha es el triunfo.

Si atrevido pasas por el mundo y en la lucha escabrosa de la vida lanzas tu brazo en una dirección determinada y el golpe falla, tus energías se opacan, tu fuerza cede, tus reservas entran en juego y si son pocas, a la mañana siguiente pareces triste, meditabundo y quizá decepcionado. No camina mucho el día cuando un golpe viene a quitarte las pocas fuerzas que te hayan quedado, y así caído sobre el camino de la vida yaces descorazonado presentando un cuadro sublime ¡el crisol del alma para pasar la prueba!

Cuando te lanzaste en una dirección para dar un golpe, la naturaleza desató sus fuerzas y sólo aprovechó la reacción de aquel esfuerzo perdido para devolverte el golpe que tratabas de asestarle. La naturaleza se venga siempre, se balancea en sus esfuerzos y vuelve golpe por golpe, lucha por lucha, esfuerzo por esfuerzo, mientras más rudo es el golpe que lanzas, más fuerte es la respuesta con que acomete. La venganza es la ley sublime de la reacción. ¿Qué te asombra pues? ¿Qué te amilana si bien sabes que cuando vas a luchar vas a pegar si puedes? Si eres hábil, si eres activo, si logras encauzar las fuerzas naturales por un sendero que te empujen y te ayuden; pero si un error haz cometido, las mismas fuerzas que te ayudaban se volverán contra ti y te arrollarán. ¿Qué esperas ahora que no piensas y buscas, y vuelves a la lucha con un nuevo poder, y más que todo con mayor caudal de experiencia para que puedas dar el golpe que te ha de vengar, que te ha de levantar arrogante sobre los obstáculos?

¡A la venganza! ¡Reconcéntrate un momento y asesta otro golpe que hay que vengar el primero que salió fallido! A la venganza que en la lucha sólo vencen los vengadores de los días de derrota que son los más, porque de muchas derrotas se compone el sacrificio colosal del éxito.

Nunca levantes la mano contra un hermano para vengar una ofensa: ofende porque reniega por la lucha, quiere desertar: pero nunca bajes tus manos y te cruces de brazos cuando la naturaleza te someta, cuando la mala suerte te pegue, cuando el destino te azote. Véngate, sí, pero véngate de lo grande, de lo noble, de lo poderoso, véngate luchando a brazo partido contra los obstáculos insuperables, y no bebiendo la sangre de un ser humano que quizá sea un factor muy importante en tu carrera por el mundo.

Se tú el luchador orgulloso de tus esfuerzos, digno de tus luchas, noble de tus empresas.

Conviértete en vengador de los débiles y cuando veas que alguno cae porque el trabajo se lo niegue, redobla tus esfuerzos para que muestres al mundo que donde cae uno, otro y otros muchos se levantan, y así haces renacer en él la idea de la venganza contra la naturaleza ruda que nos acomete, y al alcanzar tu triunfo, los débiles entusiasmados cantarán tu victoria y seguirán tu camino.

¡Adelante! A la venganza que es la victoria, la fuerza colosal que enardece al vengador y le empuja hasta superarlo todo para colocar su bandera triunfante sobre la naturaleza vencida. Si recibes un golpe, vuelve otro, dos más; pero nunca dejes de contestar la ley sublime de la acción y la reacción, para que tus esfuerzos y tus energías queden vencidas si dan en falso. Vengarse es vivir cantando el himno magistral de la victoria.

Juan T. González

¿NO SABE SONREÍR?

¿No tiene usted ganas de sonreír? Bien, ¿qué hacer? Dos cosas. Primero debe esforzarse en sonreír. Si está solo, silbe o tararee o cante. Proceda como si fuera feliz, y eso contribuirá a hacerlo feliz. Veamos la forma en que lo dijo el extinto profesor William James:

"La acción que parece seguir al sentimiento, pero en realidad la acción y el sentimiento van juntos; y si se regula la acción, que está bajo el control más directo de la voluntad, podemos regular el sentimiento, que no lo está".

"De tal manera, el camino voluntario y soberano hacia la alegría si perdemos dicha alegría, consiste en proceder con alegría, actuar y hablar con alegría, como si esa alegría ya estuviera con nosotros...".

Todo el mundo busca la felicidad y hay un medio seguro para encontrarla. Consiste en controlar nuestros pensamientos. La felicidad no depende de condiciones externas, depende de condiciones internas.

No es lo que tenemos o lo que somos o donde estamos o lo que realizamos, nada de eso, lo que nos hace felices o desgraciados. Es lo que pensamos acerca de todo ello. Por ejemplo, dos personas pueden estar en el mismo sitio, haciendo lo mismo; ambas pueden tener sumas iguales en dinero y en prestigio, sin embargo una es feliz y la otra no.

¿Por qué? Por una diferente actitud mental. He visto tantos semblantes felices entre los peones chinos que trabajan y sudan en el agobiante calor de China por siete centavos al día, como los he visto entre los paseantes de Park Avenue.

Nada es bueno o malo —dijo Shakespeare—, sino que el pensamiento es lo que hace que las cosas sean buenas o malas.

Abraham Lincoln señaló una vez que "casi todas las personas son tan felices como se deciden a serlo". Tenía razón. Hace poco conocí un notable ejemplo de esa verdad. Subía las escaleras de la estación de Long Island, en Nueva York. Frente a mí, treinta o cuarenta niños, inválidos, con bastones y muletas, salvaban trabajosamente los escalones. Uno de ellos tenía que ser llevado en brazos. Me asombró la alegría y las risas de todos ellos, y hablé al respecto con uno de los hombres a cargo de los niños: "*Ah,* sí —me dijo—, cuando un niño comprende que va a ser inválido queda asombrado al principio pero, después de transcurrido ese asombro, se resigna generalmente a su destino y llega a ser entrañablemente feliz".

Dale Carnegie

¿CUÁL ES SU IMPORTANCIA?

Desde que el hombre a tenido la habilidad de comunicarse, la historia ha estado repleta de menciones de cierta gente porque eran grandes, famosos o populares. A través de las canciones o los relatos, algunas personas se han vuelto legendarias, algunas queridas, algunas adoradas y algunas odiadas. Pero cruzando el escenario en el drama de la vida también han pasado millones de millones que han constituido las multitudes para las "escenas de multitudes". Estos han pasado sin reconocimiento o identificación. ¿Contaron? ¿Eran importantes? ¿Tenían un propósito qué cumplir? ¿Habría sido diferente el drama sin ellos?

En vista de que nunca se ha establecido que el terrestre haya elegido por propia voluntad, colocarse en la Tierra en un cierto momento para aparecer en el drama de la vida, ¿no es razonable presumir que su llegada aquí fue ordenada por un poder más grande que él mismo y por lo tanto para un propósito? A medida que aumenta el conocimiento del hombre y su conciencia se expande, se está volviendo cada vez más consciente de que hay un tiempo y un lugar para todo y para todos. Simplemente, ¿no hay accidentes? Hay una causa para cada efecto. Aquello que parece ser accidental o coincidente es sólo mal entendido o insuficientemente entendido.

Después de incontables siglos de las manifestaciones de cierto moho como una molestia y destructivo, alguien descubrió que era el único lugar de nacimiento para la sustancia salvadora de vidas, la penicilina. Después de casi dos mil años de cuidadoso ocultamiento, un simple pastor analfabeta descubrió en Jordania los ahora famosos Rollos del Mar Muerto. Este solo hecho trajo a luz muchas verdades para confirmar ciertas tradiciones religiosas y revelar la distorsión de la verdad por los mal guiados fanáticos de la ortodoxia religiosa.

¡Qué extraño, sino divertido, que el hombre, después de siglos de estar buscando poder sobre los demás, construyendo armas de destrucción cada vez más grandes —desde piedras a bombas de múltiples toneladas— descubriera el poder final a través de la física nuclear, en el simple ingrediente del universo, el átomo!

Cuando se perciba que la humanidad es en realidad una familia —una hermandad de hombres, cada uno dependiente de otros— cesaremos la mera tolerancia del "hombre pequeño", el desconocido e insignificante. Eventualmente, aceptaremos el hecho de que él, y todos los como él, son una parte íntegra del todo, sin el cual no podemos realizar totalmente nuestros sueños de paz mundial, amor universal y otros lemas de nuestra autocentrada sociedad. No puede haber verdadera paz mundial hasta que la paz mundial more en el corazón de cada uno y de todo ser humano. ¿Imposible? Nada de lo que hombre puede concebir es imposible. Sólo se requiere que cada hombre se vuelva consciente de su importancia en el mundo.

Del mismo modo que gozamos de la diversificación en el mundo de la naturaleza, la interminable variedad de flores, pájaros y animales, así gozamos de las interminables diferencias de la personalidad humana. Cada criatura humana es única; similar en ciertos aspectos a otros, pero sin paralelo en otras; y esta diferencia única es la que es su llave mágica. Con este escaso talento correctamente desarrollado y dirigido, el hombre es magnético y atrayente a todos los otros, tan igualmente como los polos opuestos de un imán son atraídos el uno al otro.

La mayoría de nosotros lucha durante algún momento, particularmente cuando somos jóvenes para hacernos famosos, grandes o poderosos. Esto es, principalmente, para satisfacer nuestra hambre de reconocimiento. Si maduramos en forma normal, más tarde aspiramos simplemente a alcanzar la mayoría de nuestro potencial en una dirección dada, dándonos cuenta de que la fama o el poder necesariamente no aseguran la felicidad ni la paz interior. Si todos fuéramos famosos, la fama no valdría pues no habría contraste. La ley de la dualidad, tan necesaria para la manifestación, quiere que haya opuestos y grandes extremos. La comparación se hace así posible, lo que constituye una de las grandes alegrías y bendiciones dadas a nosotros por nuestro Creador. Ciertos sistemas políticos han buscado nivelar la expresión humana y se vieron forzados a abandonar la idea cuando se descubrió que tal doctrina había restringido seriamente el placer de vivir.

Si usted cree que la fama lo hará importante, puede tener razón. Sin embargo, usted puede asombrarse al descubrir que, frecuentemente, es importante el nombre de la persona, pero ella tiene, personalmente una vida triste y solitaria. Ellos quieren vivir como seres humanos normales gozando de los simples placeres compartidos con otros, pero el mundo los reverencia y los hace inaccesibles. En consecuencia muchas veces están sin amigos verdaderos, rodeados solamente por sanguijuelas humanas, interesadas únicamente en ellas mismas. ¿Cree usted que el poder le traería importancia con felicidad? ¿Revise la historia y nombre alguno que haya usurpado el poder de sus congéneres y así haya alcanzado importancia con felicidad y paz? En el momento de la conquista esto puede haber parecido seguro, pero tenemos el beneficio de la retrospección.

Todo gran personaje, no importa cual sea su posición ha dependido de muchos otros para sus logros. Cada cual ha dependido de padres, para la vida en sí; de compañeros de juegos, para las primeras lecciones básicas de la sociedad humana; tutores para entrenarlo a pensar y hacer; artesanos para proveerlos, comida y vestimenta para su sostenimiento, artistas para distraerlo o calmarlo y sirvientes en una forma u otra para llevar su voluntad adelante. Muchos necesitaron verdaderamente de numerosa "gente pequeña" para mirarla con lástima o desprecio, como "chivos de castigo" para sus egos enfermizos. La mayoría de la gente verdaderamente grande ha dado crédito en un momento u otro, o ha pagado tributo a las muchas de otra manera desconocidas personas que les ayudaron a alcanzar su meta o en alguna forma los influyeron para el bien.

"Ningún hombre es una isla". Desde que el hombre era un bruto peludo, los hombres han comprendido su necesidad del uno para el otro. Esta realización fue el origen de la tribu. A medida que la sociedad se desarrolló y la vida se volvió más compleja y sofisticada, la interdependencia ha aumentado proporcionalmente. Hace sólo dos o tres siglos la mayoría de los hombres se construían sus propias casas, hacían su propia ropa y proveían sus necesidades de la vida. En aquellos tiempos, la habilidad de sobrevivir, producir y mantener una familia, daba a la mayoría de la gente una realización y una satisfacción de su propia existencia.

Hoy la mayoría de nosotros somos especialistas. Podemos ser mecánicos, profesionales o artistas, pero todos somos expertos en diferentes grados. Así como ofrecemos nuestras habilidades para los demás, en un mundo complicado, así necesitamos de las experiencias y habilidades de otros para servirnos. Hay un lugar y una necesidad para cada uno de nosotros en el servicio de los demás. El problema puede estar en encontrar nuestro lugar.

Místicamente, nosotros, la hermandad del hombre, constituimos un círculo o esfera completa. Si una persona no fuera esencial, eso equivaldría a sacar un segmento del círculo o esfera. Tal separación es incompatible con el concepto de la totalidad de la humanidad representada por el círculo o esfera. Cualquier parte pequeña que falte a una máquina origina mal funcionamiento, porque la máquina estará incompleta.

Cada uno de nosotros se pregunta a veces: ¿Por

qué estoy aquí? ¿De qué sirvo? Si usted siente que carece de importancia, que no se le necesita o que no se le echaría de menos, es porque aún no ha encontrado su lugar. Si su vida diaria es molesta y monótona es que usted, simplemente está mal colocado. Hay algo de usted que es único y deseado, algo que están buscando los demás. ¡Búsquelo y descúbralo! Sea usted mismo su propio ser natural, y deje que otros le vean, de manera que puedan conocerlo. Pregúntese qué es lo que usted puede hacer mejor; qué es lo que usted goza más haciendo o siendo. ¡Atrévase a *hacer* aquello! Usted *comprobará* que lo buscan, porque estará revelando su talento, diferente de cualquier otro, y su buscador lo encontrará. Deje que el Ser Supremo se manifieste en usted; en su propia manera. Mientras no lo haga, sus congéneres no pueden estar conscientes de un escaso aspecto del Cósmico universal, que es un privilegio compartir con todos.

Mírese en su espejo y dese cuenta de que usted es usted; de que es una parte especial del Creador. Sepa que usted es diferente de todos los otros y de todo lo demás.

¡Realice y acepte la importancia de usted!

Chris R. Warnken, F.R.C.

...2. Ante todo es preciso conocer el fin hacia el que debemos dirigir nuestras acciones, es necesario descubrir nuestro destino para poder tomar la firme determinación de dirigirnos hacia él. Una vez tomada esta determinación, nuestro espíritu se verá libre de toda vacilación e inquietud. En cuanto se hayan consolidado esta serenidad y tranquilidad de espíritu, gozaremos de una profunda paz interior que ningún acontecimiento podrá alterar. Cuando gocemos de esta paz inalterable, estaremos en condiciones para meditar y para penetrar en la esencia de todas las cosas, habremos alcanzado el estado de perfección que nos habíamos propuesto.

3. Todos los seres de la naturaleza tienen una causa y producen unos efectos; todas las acciones humanas se fundan en unos motivos y dan lugar a unas consecuencias. El conocimiento de las causas y de los efectos, de los motivos y de las consecuencias, constituyen la raíz del método racional con el que se alcanza la perfección.

4. Desde el hombre más noble al más humilde todos tienen el deber de mejorar y corregir su propio ser. El perfeccionamiento de uno mismo es la base de todo progreso y desarrollo moral.

5. Será contrario a la naturaleza de las cosas el que produjeran los mismos efectos en estado de desorden y confusión, que organizadas y sistematizadas. Por consiguiente, ha de evitarse siempre el

tratamiento superficial de lo más importante subordinándolo a lo que es secundario; jamás hemos de tratar con seriedad lo secundario, anteponiéndolo a lo principal y más importante.

Confucio

Optimismo

Camina el pesimista callado, taciturno y maldiciente. Camina el optimista confiado, alegre, lleno de vida y de esperanza.

Se queja el pesimista del sol, del aire, del agua y del viento.

Bendice el optimista al viento, al sol, al agua y a todo lo que encuentra en su camino.

Los días son pesados y duros para el pesimista: los días son bendiciones del cielo que recibe el optimista. La vida es negra, trágica, pesada y llena de penalidades para el pesimista: la vida es dulce, alegre, llena de luz, de trabajo y esperanza para el optimista.

Dos aspectos opuestos para ver las cosas: la maldición o la sonrisa en los labios. Dos cristales a través de los cuales se contempla el mundo: el cristal negro del pesimismo o el caleidoscopio del optimismo. Dos caminos, dos vías, dos senderos marcados en la vida. ¡y la vida es la misma! ¡Cuánta diferencia hay en un corazón bueno lleno de luz y de esperanza y en un corazón decepcionado lleno de miserias acumuladas por raquíticos y miserables pensamientos!

El optimista se endereza camino de la luz. La tierra le brinda sus sonrisas en las flores y el cielo le brinda sus sonrisas en las estrellas. La luz del sol penetra hasta su corazón y le da vida, fecundiza sus fuerzas y fortalece su voluntad, reanima su espíritu con esa poesía que se palpa y que se siente, y que brota de los labios para comunicarse al mundo y derrama la dicha en su derredor. Cuando la aurora aparece, nace un nuevo día esperando con ansia por el corazón palpitante de emociones y de ambición: se levanta el telón del gran teatro donde se cruzarán nuestros brazos en lucha gigantesca para mostrar nuestro poder, la fortaleza de nuestro ser y el empuje de nuestra energía. Y corre el día y corren las horas recalentadas por el sol majestuoso y nuestra sangre enardece con la lucha, y las gotas de sudor son burbujas del fuego ardiente que se produce al empuje de nuestras fuerzas.

Y sigue el sol su camino por la esfera encendida y mientras más derrama su lumbre para tostar nuestras frentes, más energía y más poder se produce en nuestro cuerpo, más grandes nos contempla el sol y más grandes nos contemplamos luchando tenaces y aguerridos.

El sol declina y con él declina el día y la tarea vencida muestra la obra orgulloso: el ladrillo acumulado, la cornisa, la cúspide de la torre o quizá la piedra fundamental colocada en el ángulo del edificio, se cala la gorra y dirigiendo la última mirada a su obra del día, se encamina con paso tardo, pero balbuceante de alegría, hacía el hogar donde sus hijos celebrarán su llegada y un triunfo más en la historia del hombre.

Así marcha el optimista por el mundo. Sus días son triunfos. Vive las horas de la vida con su vida poderosa que hace vivir las horas. La vida se siente, se palpa porque cada goce arranca una sonrisa y cada tropiezo arranca una palabra de aliento, de emoción, de empuje. La vida del optimista está llena de esperanza. Espera de hoy, espera de mañana y las esperanzas de mañana las hace realidades hoy. El porvenir y el presente entrelazan de tal manera, que atrae el porvenir hacia el presente; se alegra en el presente de la dicha por venir. Las contrariedades le alientan, los obstáculos le enardecen, las miserias no le afectan y mientras más duros son sus golpes y más grandes sus caídas, más sonriente y más grandioso se levanta; y cuando la tempestad le cerca y el abismo le rodea, la sonrisa inefable que relampaguea en sus labios parece el conjuro que desbarata las tormentas; y entre los más negros nubarrones de su vida brilla el sol con sus dorados rayos para coronar su frente despejada y serena.

La gloria de la vida, la pujanza vital del ser engreído con la victoria forma su entereza y va por su camino derramando aliento, sembrando energías, despertando ambiciones nobles y conquistando corazones amigos que le contemplan en su lucha colosal y le imitan y le siguen; porque donde el optimista pone su planta, queda un reguero de energías y de voluntades despiertas que florecen y dan fruto como las fuentes virginales de la naturaleza abrupta, la vida del optimista es corriente de vida y de luz, y los que se envuelven en ella, viven la vida de gloria y de trabajo santificada por las edades, y escrita en los libros de granito que guarda la historia de los hombres vencedores.

Juan T. González

La necesaria imperturbabilidad

Cualquier circunstancia intrascendente basta a veces para dejarnos sin palabras a consecuencia de una alteración inesperada de nuestro ánimo. Es preciso saber hacer frente a tales eventualidades de poca monta y no permitir que por ellas se trastorne momentáneamente nuestra sensibilidad hasta el punto de que no sepamos qué replicar o al menos qué actitud adoptar ante lo inesperado.

Suponga usted que hablando con un individuo, éste no atienda a razones y empiece a despotricar, a gritar, a dar puñetazos sobre la mesa o que observe una actitud irónica, que su mirada sea retadora, furiosa o burlona.

Usted puede reaccionar de dos maneras: la propia de los espíritus pusilánimes y la característica de los imperturbables que saben oponer calma a la impulsividad del interlocutor.

Si hace lo primero, demostrará que su serenidad está a disposición del primer inconsciente que se encuentre al paso. Que se deja impresionar demasiado por el aspecto exterior de la persona que habla con usted, más que por las razones que buenamente pueda alegar para oponerse a las justas pretensiones de usted.

Si hace lo segundo, demostrará por el contrario, que el enojo momentáneo de su interlocutor, su ironía, su burla o su exasperación, son tempestades en un vaso de agua. Probará que no ignora que mientras sepa callarse y esperar a que pase el vendaval, conserva su posición de superioridad respecto al otro y que, a su vez, éste se halla en desventaja frente a usted.

Si usted decide resueltamente mantener su tranquilidad intacta ante manifestaciones de irascibilidad, no solo logrará que su juicio funcione a la perfección en el momento requerido en que deba tomar la palabra para insistir, sino que su actitud serena influirá en el ánimo y en la actitud futura de su interlocutor. En efecto, éste al ver que sus modales irreflexivos no consiguen para nada alterar la imperturbabilidad que usted ha decretado mantener, le tratará con una mayor dosis de mesura y consideración.

Usted, a su vez, debe abstenerse de imitar nunca el ejemplo de tales modos de comportarse. Dese cuenta que si contempla con serenidad la exaltación o la ironía o la burla del individuo antes aludido, cualquiera de estas actitudes le parecerá ridícula y fuera de lugar. Por lo mismo, no debe usted exponerse jamás a un ridículo semejante. Si él está en situación de desventaja frente a usted cuando usted sabe mantenerse con ánimo sereno, también usted se hallará en situación de inferioridad si, dejándose llevar por sus impulsos irreflexivos, chocara con la tranquilidad de un interlocutor imperturbable.

Deje usted que sea el otro quien no sepa dominarse. Y si el otro lo hace, no ya irreflexivamente, sino con la intención patentemente deliberada de alterar sus nervios y provocar en usted la confusión y la pérdida de la serenidad; si el otro echa mano incluso de la burla para llamar sobre sí la atención de los demás y al propio tiempo ridiculizarle a usted, entonces es cuando debe permanecer más inalterable que nunca y considerar que su interlocutor vale muy poca cosa cuando tiene que recurrir a tales recursos para obtener la aprobación de los graciosos, el aplauso de los tontos y la admiración de los espíritus superficiales. Porque graciosos sin gracia, tontos o superficiales, son únicamente los que pueden hacerse eco y celebrar una inconveniencia. En cambio, los individuos superiores —que deben ser su modelo— y en general las personas bien educadas, se abstendrán muy bien de molestar a nadie con burlas, sobre todo si saben que la víctima carece de recursos para respuestas adecuadas.

Tampoco debe usted dejarse llevar de una SUSCEPTIBILIDAD exagerada.

Son muchas las personas que convencidas de una inferioridad —a veces más ilusoria que real—, creen ver en cualquier palabra sin doble fondo, sonrisa inocente o crítica morigerada, una palabra llena de mala intención, una sonrisa irónica o una censura mordaz. Esto, desde luego, sin que en el ánimo de quien habla haya el menor rastro de la supuesta malicia.

Puede provenir ello de una excesiva preocupación por la aprobación de los demás respecto a lo que hacemos o decimos. Hay en el fondo de ello un sentimiento de poquedad, una timidez muchas veces injustificada. Porque ocurre a menudo que la víctima de tales suspicacias que le dejan sin palabra, considerando luego —¡demasiado tarde!— las cosas serenamente, se encuentra con que no hay en ella tal inferioridad y que de haber hecho o de tener la memoria un balance verídico y justo de sus capacidades NO SE HUBIESE PREOCUPADO lo más mínimo por la posibilidad de que aquella sonrisa fuese irónica o de que tal o cual palabra implicase una censura velada dirigida a ella.

Cuando uno conoce el propio valer, pasa por alto los juicios de los demás, siempre que tales juicios estén en contradicción con el valor aludido. Cuando se le dice a una mujer bellísima y graciosa que es fea y estúpida, ésta no podrá menos que sonreírse y despreciar el juicio. Lo mismo cuando a un sabio se le dice a la cara que es un ignorante o si a un atleta se le atribuye debilidad física.

Si alguien refiriéndose a usted hace una apreciación injusta o critica algo que a usted no le parece censurable en justicia, piense que quien tal hace puede equivocarse y que el error se desliza a veces en los espíritus mejor dotados y de carácter más sincero. En estos casos, tiene usted que habituarse a acoger tranquilamente y sin alterarse, estas apreciaciones erróneas. Debe concederles menos importancia cuanto más lejos estén de la auténtica realidad. Después de todo, no ocurre con demasiada rareza el hecho de que personas inteligentes y bien intencionadas emitan un juicio equivocado sobre otra persona y luego se retractan con toda sencillez y elegancia al darse cuenta de su yerro.

Por lo mismo si usted es víctima de un error de esta especie, no desespere de la ocasión futura en que podrá deshacer la falsa interpretación de que ha sido objeto por parte de alguna persona sensata y bien educada. Si ésta es todo esto y usted no es como lo juzgaron, usted mismo puede deshacer el error con su propia conducta o con razones adecuadas.

Pero en el caso de que el crítico, censor o satirizador de su persona sea un perfecto imbécil, mi consejo es que no le preocupe lo más mínimo la opinión que de usted tengan los imbéciles. A la larga tal opinión en la sociedad es absolutamente inoperante.

La Palabra

OTRO DECÁLOGO

1. No mientas, Haces perder el tiempo mío y tuyo y estoy seguro de pescarte al final.
2. Cuídate de tu trabajo y no del reloj. Un día largo bien trabajado se hace corto, y un día de poco trabajo me hace tener la cara larga.
3. Dame más de lo que espero, y te pagaré más de lo que esperas. Puedo permitirme aumentar tu paga si tú aumentas mis beneficios.
4. No tengas deudas. Te debes tanto a ti mismo que no puedes darte el lujo de deber a los demás.
5. La falta de honradez jamás es un accidente.
6. Preocúpate de tus propios asuntos, y con el tiempo tendrás un negocio de tu propiedad en que ocuparte.
7. No hagas nada que lastime a tu propia estimación. El empleado que es capaz de robar por mí, también es capaz de robarme.
8. No es asunto mío saber qué haces por la noche, pero si tu vida disipada afecta a lo que haces al día siguiente, durarás la mitad de lo que crees.
9. Nunca me digas lo que me gustaría escuchar, sino lo que debería saber. No deseo un esclavo de mi vanidad.
10. No te preocupes si te reprendo. Si mereces la pena de ser corregido, vales la pena de ser conservado.

El hombre

Yo pienso que en la vida hay sólo dos clases de hombres; los que tienen carácter y los que no lo tienen; los que nacieron para pelear en la vida y los que están vencidos por ellos mismos; los que tienen en el alma anhelo de espacio y los que se sienten a gusto con lo inerme; los que sienten el ímpetu de servir a su tiempo y los que son sordos a la llamada del destino.

Dos clases de hombres nada más: los que prefieren morir de pie antes de perder su honor, y los que sumidos en la aflicción se acomodan a vivir de rodillas en una lucrativa pero vergonzosa y cobarde sumisión; los que se entregan por entero a un título y los que medran a la sombra de una doctrina que ni ellos mismos son capaces de defender; los que no se rebajan mintiendo y los profesionales de la simulación, que gustan de presentar lo que no existe; los que se han levantado a pulso peleando con sus propias fuerzas y los que están esperando que la casualidad se los regale todo.

Toda grandeza no se enseña ni se adquiere. Hacer alarde de su posición o de su empleo, es advertir que no se está sobre él. No es grande el que nace en cuna de oro, sino el que sirve a su tiempo y tiene la fortuna de imprimirle su huella.

No existe mejor señorío que el de sí mismo. Nadie podrá nunca definir el secreto apasionante de la personalidad. La personalidad no se adquiere con nombramientos, ni sus blasones se compran como títulos de nobleza. Ella encarna sólo en los elegidos, en los que iluminan a su paso, en los que enseñan algo y son poseedores de un mensaje. Hay personas a quienes sientan bien los defectos y otras que resultan insoportables con sus buenas cualidades. Hombres sin ningún defecto sería un milagro; sin ninguna virtud, sería un monstruo.

El hombre que tiene personalidad pertenece a todos, pero no se parece a nadie; pertenece a la humanidad para lo sublime; es parte de la cantera de su escala pero con veta.

Hay hombres con los que se vive siempre y no se les conoce. Su alma, es alma cerrada, hermética, huraña, esquiva a toda mirada interior y hay hombres a los que basta ver un instante para sentirse atraído por ellos con el grato e indefinible recuerdo de vieja amistad como si de siempre se hubiese convivido con ellos con el presentimiento de destinos comunes.

Nadie será juzgado nunca por sus pensamientos secretos, por sus anhelos y sus ilusiones, sino por aquello que llevó acabo. La vida está hecha para obrar y es tan corta que si nos obstinamos en razonar demasiado cada uno de nuestros pasos, corremos el riesgo de quedar inmóviles.

La vida es acción. Quien no actúa, es como si hubiera nacido muerto. Transcurre por su época, con la sombra de una sombra. No es ascender cuando no se ama la luz.

El reptil repugna a la cima que es meta reservada al impulso divino de las alas.

Es preciso buscar la paz en la acción generosa; proyectarse, dando de sí el máximo rendimiento; adoptar, ajustándola a una inmaculada conducta moral, la fórmula de Aquiles para evitar lo perecedero, consistente en que no vale la pena una vida sin contenido. Raudo pasa el tiempo. Fugaz es la vida del hombre y la posibilidad de realizarse, transmutando la intención en obra perdurable.

Por eso no hay que dejarse engañar por la aparente duración de la hora, aplazando para la próxima lo que debe hacerse en el instante preciso.

El ideal no puede conculcarse a ningún precio. Hay veces que es mejor ser engañado que engañador.

Entre la luz y la sombra sabemos donde se encuentra nuestro sitio. Entre la oscuridad y el sol, nunca hemos dudado lo que debemos hacer.

Nunca he sabido que los pesimistas construyan algo, y que los esclavos que lo son por su gusto se pongan de pie.

Prefiero a los hombres que mueren erectos y no a los que viven de rodillas en la indignidad. Prefiero a los que se equivocan por que actúan, que aquellos que son perfectos porque no hacen nada.

En la vida hay que actuar y hay que exponerse. El error se advierte cuando se tiene tiempo de mirar atrás, entonces es experiencia y reflexión; pero cuando se vive aprisa, no hay mucho tiempo para meditar y es preciso actuar, trabajar siempre, aceptar las responsabilidades y vivir convencido que la victoria tiene muchos autores, al revés de la derrota donde uno queda como único causante.

Yo no conozco realmente más que a dos clases de hombres; los que sienten la inmensa responsabilidad de serlo y aquellos que visten el traje masculino para llevarle la contraria a la naturaleza.

Para un hombre superior el honor vale más que el provecho. Al revés de lo que afirma el adagio popular, en la cosa pública no se justifican los medios. La gloria de los hombres debe medirse por los medios que se han servido para alcanzarla.

Es fácil decir la verdad cuando con ella no se obtiene perjuicio; como es fácil contar historias donde uno es siempre el héroe y siempre tiene la razón. Pero lo difícil, lo que revela la calidad y la estatura, es decir la verdad aún cuando con ella se acuse en contra de quien la dice. Lo duro es reconocer la falta propia. El hombre que si lo es, es quien conoce la soledad y el miedo y se sobrepone a ellos, porque sabe que en la vida cualquiera que sea el grado de sufrimiento es preciso saber llevar la aflicción con dignidad.

Hay gentes que no tienen valor de verse por dentro por temor de contemplar el pozo insondable de propio vacío.

La amistad no es patrimonio de perversos; ellos al manejarla la convierten en complicidad.

El principio de la perfección es la advertencia del error. Mientras más madura el hombre más se encuentra a sí mismo. Muchas veces buscamos las ideas en el ingenio, pero las hallamos en el corazón.

No siempre la cima significa victoria. No puede hablarse de triunfo refiriéndose a la serpiente que arrastrándose ha llegado a la cresta de la montaña cuya majestad ignora. El hombre no es tan solo el rey de la creación, por la chispa divina del pensamiento; lo es, por ser el único que lucha por un ideal superior que lo ennoblece y lo sublimiza.

Ningún ser humano es perfecto. Todos son mezclas de luz y de sombras; pero en política no se manejan ángeles sino hombres y lo que cuenta en cada caso es el saldo constructivo, el conjunto de afirmaciones de cada quien, la claridad de la conducta, el ideal por el cual se luchó.

El hombre sin mensaje no vale nada, es como un pozo sin agua: vacío y oscuro, apenas útil como guarida de alimañas.

Si bien es cierto que no hay noche más larga que la noche de la angustia, ni día más extenso en donde está presente el hambre, el hombre de bien se conoce en que es insultado constantemente por lo profanos y no les teme, por que sabe que la insidia es como la serpiente que pule sus escamas en el fango, por lo cual le ha sido negado el derecho supremo de penetrar en la historia.

Cada uno carga su cruz y paga el precio de su propia entrega. No siempre se llega a puerto con el alma intacta; hay veces que en el camino, entre desilusiones y desengaños se queda una parte de uno mismo.

Yo estimo a los hombres que saben el riesgo de vivir y lo corren con dignidad, sin arredrarse. Estimo a los hombres que se han hecho a pulso en el combate diario, arrollados por la tormenta de la vida; y palpando el bien y el mal, han escogido el camino de lo justo.

El yoísmo es el culto de los tontos que en algo han de entretenerse. El yoísmo termina donde comenzó, en el ridículo.

En la rueda de la vida el hombre puede ganar o perder, bajar a los infiernos o subir a los cielos, sufrir catástrofes o desafiar tempestades, y seguirá siendo hombre, a condición de que conserve el temple, el carácter, el principio; porque lo ha perdido todo si pierde la dignidad y con ello, la voluntad de vencer.

Es indudable que la felicidad no puede decretarse, ella se logra con un conjunto de esfuerzos y de prevenciones y el resultado será siempre incierto y transitorio porque el medio de la historia será siempre la insatisfacción, el avance continuo, la prisa que no tiene fin. Rico sin orgullo y pobre sin abatimiento, debe ser una buena medida; y otra más, recordar que la multitud no ama el poder, sino ama la libertad. La acción debe servir al destino. Se puede engañar a los demás por poco tiempo pero nadie puede engañarse a sí mismo. Si algo precisa la mesura y el equilibrio, ese algo es el poder. Él enseña la diferencia entre la energía y arbitrariedad. El poder no es desbordamiento sino freno, y nunca se es más fuerte que cuando se apoya al débil y se sirve a la verdad.

El mayor problema del hombre es la búsqueda de sí mismo; su mayor éxito, encontrar el verdadero camino. Nunca el hombre permanece incólume bajo la experiencia del poder.

El tiempo borra pasiones y da a lo humano la proporción debida. Cuando pasan los años, muchas de las cosas por las que batallamos antes, nos parecen ridículas.

Los valores de la experiencia constituyen una cualidad esencial del ser humano. Solemos decir que la madurez sólo se alcanza cuando es factible aceptar aquello contra lo que no se puede luchar, pero no debemos olvidar que el hombre superior busca celosamente el camino de la sabiduría y sabe distinguirlo cuando viene a su encuentro.

En la sencilla filosofía del pueblo hemos aprendido verdades que es preciso no olvidar nunca, hemos sabido que no hay que ser lago sino torrente, por que el uno es poesía y el otro es acción. Nos han enseñado a huir de quienes tienen ALMAS ENANAS. Sólo de los grandes se aprende porque ellos son los únicos que comparten su grandeza con la humanidad.

Y hemos aprendido que lo importante no es la animosidad del enemigo; lo importante es lograr, que por el ejercicio de una conducta recta, el ataque no tenga razón.

El hombre que se resuelve a ser distinto de los demás es posible que desafíe tempestades; pero si es hombre de bien, si es hombre cabal, saldrá adelante.

Hay hombres que al verlos de lejos parecen grandes pero al acercarnos disminuyen su tamaño; otros, por el contrario, se valorizan con la cercanía y a fuerza de ser humanos penetran hondamente en nuestras almas.

Lo que más admiro en el ser humano es la integridad. El valor con que se enfrenta al obstáculo, la rapidez con que reacciona ante lo imprevisto. La vida es acción y es obstáculo, es batalla que se renueva siempre, es cita y es raya que el destino pinta con su mano invisible.

Los débiles son aquellos que la realidad aplasta, los que olvidan que todo problema lleva implícita su propia solución y se asustan sin encontrar la senda. Se aterran con la noche y pensándola eterna dan media vuelta sin esperar la aurora.

Debemos conservarnos serenos ante las emergencias, porque sólo de la serenidad surge el pensamiento inteligente, el valor y la inspiración.

Hay quienes creen que las cosas difíciles se resuelven solas y, pensando así, adoptan una actitud de espera que en el fondo es inconciencia y falta de capacidad para la acción.

En todas las épocas del mundo el papel más difícil ha sido el de ser hombre, el hombre merece que así se le llame, cuando en la hora suprema de una decisión sean cuales fueren las circunstancias, levanta orgullosamente la frente sin sentirse vencido, cuando no niega a un amigo, ni a una convicción, ni a una bandera por quedar bien con el poderoso del momento.

El hombre que sabe serlo es el servidor de la verdad aún en contra de sí mismo.

Nada hay más efímero, que el minuto que pasa. Sin duda la alegría es mejor cuando llega después de la aflicción.

No es debido ni prudente abusar de nadie para colocarlo con la espada contra la pared. En nuestro medio nada es más efímero que el poder.

Los espejos sirven para verse la cara, pero nadie ha inventado uno para verse el alma.

En los seres que se creen perfectos, lo único perfecto es su vanidad.

A nadie le está permitida la soberbia, pero a quienes tienen el poder menos que a nadie.

Quien dice que no conoce el miedo, o es un insensato que no sabe lo que dice o es un mentiroso que no se atreve a confesarlo. Yo he sentido miedo, muchas veces y lo sigo sintiendo, he sentido miedo, de no encontrar el camino y confundir en la vida el bien y el mal, la alegría con la arbitrariedad, la decisión que es prudencia, con la irreflexión que es insensatez.

Yo he sentido miedo de no tener bastante fuerza para conducirme a mí mismo y a todos los demás, para estar sereno cuando dentro del alma ruge la tormenta, miedo de no dominar el impulso, miedo de no poder expresar el mensaje que se lleva dentro.

Ese es el miedo que yo he sentido, miedo del hombre. No el miedo vulgar del cobarde que como el pavo amaina su plumaje al primer ruido, no el miedo de haber entregado al amigo en desgracia por quedar bien con el poderoso circunstancial, no el temor de negar mi ideal, ni de desdecirme de mis deberes, ni el torcer mi convicción para dar paso a la conveniencia.

Carlos A. Madrazo

¿Cómo es?

¿Es Dios personal?
¿Es impersonal?
¿Tiene forma?
¿No tiene forma?
¿Es esencia?
¿Es sustancia?
¿Es uno?
¿Es múltiple?
¿Es la conciencia del Universo?
¿Es la Voluntad sin conciencia y sin fin?
¿Es todo lo que existe?
¿Es distinto de todo lo que existe?
¿Es como el alma de la naturaleza?
¿Es una LEY?
¿Es, simplemente, la armonía de las fuerzas?
¿Está en nosotros mismos?
¿Es nosotros mismos?
¿Está fuera de nosotros?

Alma mía, hace tiempo que tú ya no te preguntas estas cosas. Tiempo ha que estas cosas ya no te interesan. Lo único que sabes es que le amas.

Amado Nervo

LA PLEGARIA DEL PERRO

Oh, Señor de los humanos, haz que mi amo sea tan fiel a sus semejantes como yo lo soy con él!

Que sea capaz de consagrarse a sus amigos y a su familia como yo me dedico a él.

Que sea franco y sincero como yo; que sea veraz, para que pueda conquistar toda la confianza de los que tratan con él, en la medida que yo creo en él.

Dótalo de una cara llena de *optimismo*, de ese *optimismo* que sólo yo puedo expresar cuando meneo la cola.

Dótalo de un espíritu de gratitud equivalente al que yo revelo con mi lengua cuando le lamo la mano.

Llénalo de una paciencia igual a la mía, cuando espero sus pasos pacientemente, horas enteras sin quejarme.

Llénalo de mi instinto de vigilancia, de mi valor y de mi presteza para sacrificar las satisfacciones de la vida.

Consérvalo siempre joven de corazón y siempre inspirado en el anhelo de obrar tan lealmente como yo, siendo perro.

Hazlo digno de mí, que soy perro.

Will Judy

El éxito

1. **Aptitudes**. Cada uno de nosotros está predispuesto a representar, en la sociedad, un papel determinado. Nuestras facultades nos tornan mucho más aptos para unas actividades que para otras, y en un gran número de personas se revela desde la infancia una tendencia y un gusto evidentes por tal o cual profesión. Para retirar de nuestros esfuerzos el máximo de resultados posibles, es conveniente llevar la elección y mantenerla hacia la índole de ocupación que parece más completamente asimilable. Ocurre que la necesidad obliga con frecuencia a un individuo a entregarse a una labor por la cual no experimenta el menor gusto, y durante la cual su pensamiento retorna inconscientemente hacia la situación que le habría convenido. A menos de obstáculos absolutos, los cuales no existen, sino en un número muy restringido de casos, existe interés en encarar fríamente la posibilidad de un cambio y los medios de ejecutarlo gradualmente. La cultura psíquica, el domino de sí permiten intentar con las mayores posibilidades de éxito la realización de una rectificación completa de la existencia. Así, en vez de gastar en lamentaciones estériles la energía mental, los adeptos de las ciencias psíquicas tomarán la determinación de afanarse en ejecutar sus tareas presentes de la manera más satisfactoria posible, asignándoles en su evolución el papel de ejercicio de voluntad. Harán un esfuerzo para no pensar en lo que hacen en el instante en que lo

hacen y, entre sus horas de trabajo utilizarán sus facultades intelectuales en examinar cómo crearse la situación que desean, cómo adquirir los conocimientos requeridos para ello. Calcularán el tiempo necesario para operar este cambio de frente, formarán un plan de conjunto, subdividido en varios estadios, teniendo cada uno su objeto distinto, pondrán manos a la obra con serena firmeza.

2. **Prosecucción de las ideas**. Esta cualidad es quizá la más importante de las que se exigen para triunfar. Por inteligente y bien dotado que se sea, no se obtendrá en la vida ni la décima parte de lo que se hubiera realizado con prosecución de las ideas. La costumbre de razonar, de basarse en los hechos, de escrutar la realidad, establece convicciones duraderas, impulsos capaces de resistir a todas las incidencias, a todas las sugestiones contrarias.

Es preciso, ante todo, saber exactamente lo que se requiere, fijar en definitiva los deseos, reflexionar largamente si es necesario, pero decidir una sola vez. El procedimiento consistente en tantear, en ensayar en varias ramas sucesivamente, no sirve absolutamente para nada. Puede ocurrir que después de varias tentativas desdichadas, se encuentre al fin lo que conviene, pero es preferible confrontar de una buena vez sus facultades, sus gustos, su potencia de trabajo, de asimilación con las necesidades respectivas de los diversos ramos por los que uno se siente tentado. Esta verdad se adquiere a menudo con la experiencia, después de haberla desconocido por largo rato, pero al precio de una pérdida de tiempo considerable, y de esfuerzos agotadores.

3. **Determinación**. Todo el mundo desearía alcanzar el éxito, y es costumbre considerar como a un feliz mortal al hombre que "llega". En medio de múltiples indecisiones, el que se siente resuelto a obtener lo que quiere siempre se abre camino. Algunos favorecidos, de los que hablé en el primer capítulo de esta parte de la obra llegan al mundo tan superiormente dotados, que triunfan con una desconcertante facilidad. Pero son las excepciones de la regla. Les sigue después de una vasta categoría de hombres que, aún cuando no alcanzan la superioridad manifiesta de los primeros, se hayan también admirablemente calificados. Y las generaciones se suceden a las generaciones, y cada vez sube más el nivel de la inteligencia. Por lo tanto no es raro ver en la vida de los negocios, en las letras, y hasta en las artes, ocupados todos los caminos que conducen a las cumbres. ¡Honor a los valientes a quienes las cimas atraen! Todos se creen llamados, pocos serán los elegidos. La táctica más práctica consiste en elegir una vía en la cual el nivel de los competidores sea levemente inferior a lo que uno se sienta capaz de realizar. En suma, el éxito es buscado ásperamente como elemento de felicidad, como dispensador de la riqueza. ¿Por qué entonces no perseguirle en una rama en la que se esté seguro de encontrarse por encima del término medio? Esta es una sugestión que debe estudiarse antes de determinarse a obrar. Si nuestras aptitudes nos califican superiormente para una profesión, sólo nos resta escoger entre las especializaciones que ofrece. Un abogado en lo comercial muy brillante en sus funciones, quizá tropezaría con

dificultades para triunfar en lo criminal. Un médico muy preciado en su cualidad de cirujano, no habría quizá logrado una clientela muy numerosa dedicándose a la psicoterapia. Un decorador admirado acaso hubiera sido un oscuro retratista.

Si está determinado alcanzar el éxito, piense pues en orientarse hacia una profesión cuyo ejercicio no reclame facultades que lleguen al nivel de las suyas.

4. **Confianza en si mismo**. En semejantes condiciones, iniciarse en una rama de actividad cualquiera, asegura cierta confianza en sí mismo. Esta confianza hay que elevarla al máximo, especialmente por la adquisición de una competencia excepcional. La calma, el dominio de sí mismos, desarrollados con la cultura psíquica, son elementos de confianza. Además, hay que buscar las ideas *optimistas*, contemplarlas, recordar que se está calificando para triunfar.

"La confianza en sí mismo —dijo Sylvain Roudés— es la primera de las cualidades que se deben adquirir. Creer en su estrella, contemplar el porvenir con serenidad porque el porvenir nos debe todas las satisfacciones que la vida dispensa a sus elegidos, es una de las condiciones esenciales del éxito. Si se compara y juzga inferior a los demás, está perdido, sufrirá la influencia de las personas cuyo interés reside en servirse de usted. Las obedecerá, será un instrumento pasivo entre sus manos y vegetará en un empleo subalterno".

"Al contrario, dígase usted mismo todos los días y a toda hora, insistiendo mentalmente en sus afirmaciones: "SOY UN HOMBRE, UN SER QUE PIENSA,

CAPAZ DE ENCARAR Y DE ESTUDIAR TODOS LOS PROBLEMAS; DISCIERNO EL BIEN Y EL MAL, LO REAL Y LO FALSO, COMPRENDO LA BELLEZA; MI INTELIGENCIA ES TAN AMPLIA, TAN LÚCIDA COMO LA DE LOS HOMBRES QUE ME RODEAN; MI RAZÓN VALE TANTO COMO LA TUYA, TENGO LA SUFICIENTE INICIATIVA Y PERSPICACIA PARA DIRIGIR MIS ASUNTOS CON ÉXITO, POR LO TANTO NO TENGO NECESIDAD DE AMOS, Y PUEDO LUCHAR CON VENTAJA CONTRA AQUELLOS QUE QUERRÍAN SUBORDINAR MIS ESFUERZOS Y SERVIRSE DE ELLOS EN BENEFICIO PROPIO".

Semejante estado de alma es excelente, pero se le realiza con más facilidad cuando se sabe que está justificado por la confianza de que se supera realmente el nivel de inteligencia de los demás hombres de su profesión, y que poseen todos los conocimientos, todos lo recursos, todas las competencias relativas al trabajo implicado por dicha profesión.

Todo individuo en perfecto equilibrio psicológico, habituado a dominarse, a hacer predominar siempre sus facultades objetivas, partidario de la respiración profunda, suficientemente dueño de sus nervios, de sus impulsos, de sus impresiones, emociones y sentimientos, no puede dejar de tener confianza en sí mismo.

Los más audaces conocen momentos de depresión, en que la duda se insinúa en el alma, en que el aspecto de la vida parece desolador, en que la esperanza basada en los cálculos más juiciosos, parece frágil. Es preciso prever esas crisis, esos períodos de abatimiento y, cuando se hacen presentes, considerarlos como una manifestación pasajera de la fatiga, de la tensión del espíritu, interrumpir sus ocupaciones y buscar en una distracción higiénica la reconquista del equilibrio. La costumbre de disociar el "yo" de las impresiones que se experimentan, crea un carácter excepcional, apto para someter los acontecimientos. Feliz el que puede compenetrarse de esta frase, atribuída a Lacordaire: "No tengo necesidad de esperar para comprender, ni de triunfar para perseverar". Este es el secreto de la actitud mental que triunfa sobre todos los obstáculos.

5. **El concepto del obstáculo**. No hay éxito sin lucha, y aún diré que al principiante se le presenta una serie continua de obstáculos que deba de derribar para llegar a la meta. Especialmente durante los primeros años, el obstáculo parece a los vacilantes tan enorme, que los descorazona de inmediato.

Si considera como un bloque impresionante el conjunto de dificultades que se oponen a la realización de su voluntad, se está autosugiriendo el temor. Antes de pensar en los obstáculos hay que recordar que se desea triunfar y oponerse tenazmente a concebir el fracaso. En lugar de dispersar las fuerzas, es preciso ocuparse desde un principio en vencer la primera dificultad, prestar enseguida atención a la segunda, y concentrar todas las facultades en el esfuerzo presente. Considerando separadamente cada obstáculo puede parecer superado. Si su fortuna solo dependiera de la dificultad que hoy lo detiene, no permitiría que esa dificultad le privara de lo que ambiciona; la concebiría con otros ojos. Adelante, entonces.

Cada triunfo le dará un poco más de confianza, y llegará un momento en que, no solamente la dificultad no le turbará más, en que la apartará automáticamente, sino que ella será un elemento de su existencia, indispensable a la felicidad.

Piense también en que cada esfuerzo es un ejercicio que agudiza sus facultades, fortifica su voluntad, aporta a su inteligencia elementos nuevos, formando así un capital de resistencia más apreciado.

¿Ha usted asistido al animoso espectáculo que ofrece un comerciante dinámico en el momento en que su secretario, un corresponsal, una llamada telefónica, le anuncian que algo desagradable ha ocurrido, que ha sido derrotado por un competidor, que un siniestro se ha declarado en sus fábricas o galpones? No se agita; apenas si parece conmovido. Tranquilamente, va a grano, indica las medidas que deberán adaptarse para paliar la situación, para reducir sus consecuencias al mínimo. Durante un instante todas sus facultades parecen concentrarse en la enojosa noticia. Una vez puestos en acción todos los medios de que dispone contra el obstáculo, retorna al tema que lo ocupaba antes, y aparece tan tranquilo, que se lo supondría indiferente.

He tomado como ejemplo a un comerciante, pero las cualidades cuya manifestación he demostrado, son inherentes a todos los hombres de valor. ¿Quién ignora la admirable actitud de ese general que conferenciaba con su estado mayor sobre las disposiciones de la batalla próxima, a quien una estafeta viene a anunciar que su tercer hijo acaba de morir haciendo frente al enemigo? Inclina por un instante la cabeza, como si el peso del dolor fuera a rendirle. Pero se yergue de inmediato, y con voz serena dice: "Prosigamos señores".

Los acontecimientos dolorosos de la vida privada, por graves que sean, no vencen al hombre cuya voluntad tiende hacia la tarea mercantil o heroica a que le conduce su plenitud moral. Su fuerte personalidad no es un elemento con el que juegue la adversidad, sino una potencia con la cual debe contar.

6. **Reparto de los esfuerzos**. Desde el momento en que se decide orientar la actividad hacia un objeto definido, ya sea éste la adquisición de los conocimientos necesarios para la obtención de un diploma, la explotación de una rama comercial, la fabricación de un producto, la confección de una obra artística o literaria, es preciso trazarse un plan general, en el que se calculará el tiempo necesario para arribar a lo que se desea, y efectuar un reparto por años, por trimestres, por meses, de los esfuerzos sucesivos que se tendrán que hacer para ello. Estudiando ese plan, interesa concederle la mayor atención, no exagerar la suma de trabajo que posible producir en un tiempo determinado, clasificar cuidadosamente los esfuerzos, de lo simple a lo compuesto, de lo elemental a lo superior, de la explotación inicial a la extensión más completa si se trata de un negocio.

Establecido el plan general, se subdividirá en estadios, digamos de tres meses, para ocuparse exclusivamente de lo primero, subdividiéndolo a su vez en periodos semanarios correspondientes. La meditación, tal como se describe en el capítulo III, será el regulado, el balancín de la actividad. Cada noche consistirá, como ya he dicho, en situarse en el tiempo, examinando sucesivamente el plan general, el trimestral, el mensual, el de la semana que corre, después del día que acaba de transcurrir, todos cuyos actos serán sometidos a un severo criterio. Por la mañana se debe examinar el programa de la jornada que se inicia, con toda la claridad y precisión posibles.

Ningún hombre podrá resistir una actividad continua no espaciada por el suficiente descanso. Éste tiene una importancia considerable, tanto en lo físico como en lo moral. En primer lugar, un sueño suficientemente prolongado y tranquilo, es indispensable para el mantenimiento del potencial energético y la acuidad de las diversas facultades. Pero el sueño en sí mismo sólo es una de las formas del reposo, porque, a menos que se esté muy adelantado en cultura psíquica y de tener totalmente reeducado su subconsciente, va acompañado de cierta actividad en que las preocupaciones del día siguen exigiendo una tensión especial del espíritu.

Por esta razón, los hombres más ocupados, los que representan en la humanidad papeles importantes, conceden en su vida un lugar diario a la distracción física y moral. La mejor de todas es, sin duda alguna, la práctica de un deporte moderado, que exija el concurso de facultades completamente diferentes a las que contribuyen a su trabajo cotidiano.

La marcha a pie, el más elemental de los deportes, es excelente desde cualquier punto de vista. El patinaje, la natación, el remo, son así mismo saludables y benefician el rigor moral.

El espectáculo tiene el inconveniente de predisponer a una multiplicidad de estados de ánimo que desconciertan la atención. Ese inconveniente no hace mella solamente en aquellos que, siendo extraordinariamente dueños de sí mismos, y que aún entregándose por completo a las emociones del teatro durante la representación, recuperan a la salida su total control, no dejándose obsesionar en el momento de la actividad por reminiscencias subjetivas.

El principio del reparto de los esfuerzos: *"age quodagis"*, permite la realización de grandes cosas, libre de la cabeza y el cuerpo ligero; concentrar toda la potencia física y moral en la tarea cotidiana, sin preocuparse intempestivamente de la de mañana. Es en el momento de las meditaciones cuando hay que prever, organizar, cambiar.

Para ser capaz de *dirigir los propios pensamientos*, tal como es necesario si se desea, a pesar de todos los incidentes, entregarse en cuerpo y alma a lo que se hace en el momento en que se hace, es indispensable la observancia de los principios generales de la cultura psíquica.

Paul C. Jagot

SIMÓNIDES EL NAUFRAGO (FÁBULA)

Todo hombre culto lleva siempre en sí mismo todas sus riquezas.

A fin de sobrellevar con mas facilidad su pobreza, Simónides —que escribió famosos poemas líricos— se propuso recorrer las más célebres ciudades de Asia, cantando las glorias de lo vencedores y por lo cual cobraba un precio determinado.

Cuando, por este medio, se consideró lo suficientemente rico quiso regresar a su patria por el mar, ya que según decía él mismo, era nativo de Ceos.

Abordó, pues, la nave, una nave apolillada y vieja, la cual a causa de una gran tempestad se deshizo en alta mar.

Los que viajaban junto con Simónides, unos cogían sus cinturones llenos de monedas; otros sus joyas, objetos preciosos, todo aquello que juzgaban necesario para sobrevivir.

Un curioso al ver que el poeta no tomaba nada de lo que había acumulado para regresar a su tierra, le dijo:

—Y tú, Simónides, ¿no te llevas ninguna de tus riquezas?

—Todos ellas —contestó— las llevo encima.

Muy pocos de los náufragos se salvaron a nado. La mayor parte, arrastrados por su carga perecieron. Otros fueron arrastrados por ladrones que les arrebataron lo que cada uno llevaba y aún los dejaron desnudos. Afortunadamente la antigua ciudad de Calzomene, a la cual se dirigían los náufragos se hallaba cerca.

Vivía allí un hombre dedicado al estudio de las letras que había leído a menudo los versos de Simónides, y sin conocerlo personalmente, era un gran admirador de él. Por su lenguaje, presto lo reconoció y afanosamente lo recibió dotándolo en abundancia de vestidos, dinero y criados.

Los demás se vieron obligados a llevar su pequeño cartel de náufragos y a mendigar el sustento.

Cuando Simónides los encontró por azar, les dijo: -¡Os adevertí que yo llevaba encima de mí todos mis bienes! ¿Y lo que vosotros recogisteis de prisa...?

Fredo

El camino de la fortuna (Publicado en *El almanaque del Pobre Ricardo*)

Amigo lector:

He oído decir que en nada encuentra un autor tanta complacencia como en ver que sus obras son citadas respetuosamente por otros tantos sabios autores.

Ese placer lo he gozado raras veces, pues aunque he sido, si puedo decirlo sin vanidad, un *eminente autor* de almanaques, durante un cuarto de siglo, año tras año, mis colegas en el mismo género, ignoro por qué razón, siempre han sido muy parcos con sus aplausos y ningún otro autor ha hecho el menor caso de mí, asi es que si mis escritos no me hubieran proporcionado algún *sólido potaje,* la gran carencia de *elogios* me hubiera desanimado completamente.

Llegué finalmente a la conclusión de que el pueblo es el mejor juez de mi mérito, puesto que compra mis obras y, además, paseando por donde no soy conocido personalmente, he oído siempre a alguien que repetía alguno de mis adagios, añadiendo: *Como dice el Pobre Ricardo*. Eso me proporcionaba cierta satisfacción, ya que demostraba no solamente que se tenían en cuenta mis instrucciones, sino que revelaba asimismo algún respeto por mi autoridad; y reconozco que para alentar la práctica de recordar y repetir esas juiciosas sentencias, a veces *me he citado a mí mismo* con mucha gravedad.

Juzga, pues, cuanto me ha de haber satisfecho el incidente que voy a relatarte. Detuve mi caballo, hace poco, en un lugar donde se habían reunido gran número de gente para la subasta de las mercancías de un comerciante.

Como no era aún la hora de empezar la venta, estaban conversando sobre lo malo de estos tiempos y uno del grupo gritó a un anciano sencillo y limpio, de rizadas canas:

—Por favor, padre Abraham, dígame, ¿qué piensa usted de estos tiempos? Estos grandes impuestos, ¿no arruinarán completamente el país? ¿Cómo podremos nunca pagarlos? ¿Qué nos aconseja usted?

El padre Abraham se levantó y contestó:

—Si queréis mi consejo os lo daré brevemente, pues *al sabio le basta una palabra, y muchas palabras no llenarían un talego,* como dice el Pobre Ricardo.

Todos expresaron el deseo de que les dijera su opinión, se agruparon a su alrededor y él les habló de esta manera:

—Amigos y vecinos —dijo—, los impuestos son efectivamente muy elevados, y si sólo tuviéramos que pagar lo que nos impone el gobierno, podríamos satisfacernos muy fácilmente; pero tenemos muchos otros y más gravosos para algunos de nosotros. Nuestra *pereza* nos impone un gravemen doble que aquél, triple nuestro *orgullo* y cuatro veces mayor nuestra *locura;* y de estos impuestos los diputados no es fácil que puedan librarnos decretando su derogación. Sin embargo, escuchemos los buenos consejos y algo se podría hacer por nosotros; *Dios ayuda a los que se ayudan*, como dice el Pobre Ricardo en su almanaque de 1733.

"Se consideraría muy duro a un gobierno que exigiese a su pueblo como impuesto una décima parte del tiempo que se dispone para emplearlo en su servicio. Pero el impuesto de la *pereza* es bastante mayor para muchos de nosotros, pues si restamos todo lo que se emplea en la *vagancia* absoluta, o sin hacer nada, y el que se pasa en ocupaciones o diversiones inútiles, no queda nada. Porque la *haraganería* ocasiona enfermedades y, decididamente acorta la vida. *La ociosidad, como la herrumbre, consume más aprisa de lo que desgasta el trabajo y la llave que se usa está siempre brillante*, como dice el Pobre Ricardo. *Pero si amas la vida no desperdicies el tiempo, pues es la tela de que la vida está hecha*. Cuánto tiempo más del necesario empleamos en dormir, olvidado que *el zorro dormido no atrapa gallina y que bastante dormiremos en la tumba*, como dice el Pobre Ricardo.

Si el tiempo es lo más valioso entre las cosas, perder el tiempo ha de ser, como dice el Pobre Ricardo, *la mayor prodigalidad*, puesto que, como también nos dice otro lugar, *el tiempo perdido nunca se recobra, y lo que llamamos tiempo de sobra siempre resulta falta de tiempo*. Levantémonos pues y obremos; obremos para un propósito; de este modo, si somos diligentes, haremos más cosas y con menos perplejidad. *La pereza hace difíciles las cosas, pero la diligencia las hace todas fáciles*, como dice el Pobre Ricardo; *y el que se levanta tarde ha de trotar todo el día y apenas logra acabar su trabajo por la noche*; mientras que *la pereza marcha tan despacio que la pobreza pronto la alcanza,* como leemos en el Pobre Ricardo quien añade: *Dirige tu negocio, no dejes que él te dirija a ti; y quien se acuesta y se levanta temprano, se hace rico, sabio y sano.*

"¿Qué significa, pues desear y esperar mejores tiempos, si actuamos. La diligencia no necesita desear, como dice el Pobre Ricardo, quien vive esperando morirá en ayunas. No hay ganancia sin afanes; pues ayudadme manos, por que no tengo tierras, o si las tengo están gravadas con buenos impuestos. Y, como asimismo observa el Pobre Ricardo, quien tiene una profesión tiene una posesión; y quien tiene una vocación, tiene un oficio de provecho y honor, pero en la profesión hay que trabajar y la vocación debe seguirse bien, de otro modo ni la posesión ni el oficio nos permitirán pagar nuestros impuestos. Si somos diligentes nunca pasaremos hambre, pues, como dice el Pobre Ricardo, a la casa del hombre trabajador, el hambre mira pero no se atreve a entrar. Ni tampoco entrarán el alguacil ni el baile, porque el trabajo paga las deudas, mientras que la desesperación las aumenta, dice el Pobre Ricardo. Aunque no hayas encontrado un tesoro ni hayas heredado de ningún pariente rico, la diligencia es la madre de la suerte, como dice el Pobre Ricardo, y Dios lo da todo al que trabaja, por lo tanto, hará bien mientras los holgazanes duermen y tendrás maíz para vender y para guardar, dice el Pobre Ricardito. Trabaja hoy pues no sabes que puede impedírtelo mañana, lo cual hace que el Pobre Ricardo diga: Un hoy vale por dos mañanas, y después si tienes algo que hacer mañana, hazlo hoy. Si fueses criado, ¿no te avergonzarías de que tu amo te encontrara ocioso? Pues tú eres tu propio amo, avergüénzate de encontrarte ocioso, como dice

el Pobre Ricardito. Cuando hay tanto que hacer por ti mismo, por tu familia, por tu país y por tu buen rey, levántate al despuntar tu día, no dejes que el sol mire hacia abaja y diga: ahí yace sin gloria. Maneja tus herramientas sin guantes; recuerda que gato con guantes no caza ratones, como dice el Pobre Ricardo. Verdad es que hay mucho que hacer y acaso tengas las manos débiles, pero esfuérzate con tenacidad y obtendrás grandes efectos, pues la gota constante desgasta las piedras y con diligencia y paciencia el ratón roe la cuerda y la parte en dos, y los pequeños golpes derriban los grandes robles, como dice el Pobre Ricardo en su almanaque de no recuerdo que año.

"Me parece que oigo a algunos de ustedes decir. ¿Es que un hombre no debe permitirse ningún descanso? Te diré, amigo mío, lo que dice el Pobre Ricardo: *Emplea bien tu tiempo si quieres ganarte el descaso; y, puesto que no tienes un minuto seguro, no desperdicies una hora.* Descanso significa tiempo para hacer algo útil; ese descanso lo obtendrá el hombre diligente, pero nunca el holgazán; por lo cual, como dice el Pobre Ricardo, *una vida descansada y una vida perezosa son dos cosas distintas.*

¿Os imagináis que la pereza puede proporcionarnos más bienestar que el trabajo? No, pues como dice el Pobre Ricardo, *del ocio surgen las tribulaciones y del inútil descanso los dolorosos afanes. Muchos vivirán sin trabajar, sólo de su ingenio, pero fracasan por falta de existencias, en tanto que el trabajo proporciona comodidad y abundancia y respeto. Huye de los placeres y ellos te seguirán. La hilandera diligente tiene una camisa más grande. Y ahora que tengo oveja y vaca todo el mundo me saluda,* lo cual nos dice bien el Pobre Ricardo.

Pero en nuestro trabajo debemos ser a un tiempo constantes, ordenados y cuidadosos y vigilar nuestros asuntos con nuestros propios ojos, sin confiar en los de otros, pues como dice el Pobre Ricardo:

Ni las familias con frecuencia trasladadas, ni los árboles con frecuencia transplantados, puede estar bien abrigados.

Y, además, *tres mudanzas son tan malas como un incendio; y guarda tu tienda y tu tienda te guardará a ti*; y también, *si has terminado tu trabajo, vete; si no, manda a otro.*

Y *el que quiere medrar con el arado tiene que conducirlo con su mano.*

Y aún. *El ojo del amo trabaja más que sus dos manos; y además: la falta de cuidado nos hace más daño que la falta de saber; y no vigilar a tus obreros es dejarles tu bolsa abierta. Confiar demasiado en el cuidado de otros, causa la ruina de muchos*, pues, como dice el almanaque, *en las cosas de este mundo los hombres se salvan, no por la fe, sino por tenerla*; en cambio, el cuidado de sí mismo que tienen un hombre es provechoso, pues, dijo el Pobre Ricardito, *el saber es para el estudioso y la riqueza para el cuidadoso, así como el poder es para el osado y el cielo para el virtuoso. Y, además. Si quieres sirviente fiel y que te agrade, sírvete tú mismo.* También aconseja la circunspección y el cuidado, incluso en los asuntos más pequeños, porque *a veces un pequeño descuido puede ocasionar una desgracia*; y añade: *Por falta de un clavo se perdió una herradura; por falta de una herradura se perdió el caballo, por falta de un caballo se perdió el jinete, porque lo alcanzó y lo mató el enemigo*; todo por no tener cuidado con un clavo de herradura.

"Todo es por lo que se refiere a la laboriosidad, amigos míos, y la atención a los propios asuntos; pero a esas debemos añadir la *frugalidad,* si queremos añadir el éxito de nuestra laboriosidad. Si un hombre no sabe ahorrar lo que gana, puede estar toda la vida de narices a la muela y morir sin un céntimo. *La cocina gorda hace el testamento flaco,* como dice el Pobre Ricardo y *muchas haciendas se han malbaratado desde que las mujeres por el té, la rueca han dejado, y los hombres por el ponche, la azada y el arado.*

"*Si quieres ser rico,* dice en otro almanaque, *piense en ahorrar tanto como en ganar*; las Indias no han enriquecido a España, porque sus gastos son mayores que sus ingresos.

"Basta ya, pues, de vuestras costosas locuras y de este modo no tendréis más motivos de queja contra los malos tiempos, los elevados impuestos y la carga de la familia, pues, como dice el Pobre Ricardo:

> *Las mujeres y el vino, la mentira y el juego, quitan la riqueza y traen miseria luego.*

"Y además, *con lo que se mantiene un vicio se criarán dos hijos*. Acaso pensaréis que un poco de té o un poco de ponche de cuando en cuando, la comida un *poco* más cara, los vestidos un *poco* mejores y un *poco* de diversión alguna que otra vez, no importarán mucho; pero recordad que el Pobre Ricardo *dice que varios pocos hacen un mucho y cuidado con los gastos pequeños; una pequeña vía de agua puede hundir un barco* y también *que quien gasta finezas a mendigo llegará; además, los tontos dan los banquetes y los sensatos se los comen.*

Aquí habéis venido todos a esta subasta de lujos y chucherías. Los llamáis bienes, pero si no tenéis cuidado resultarán ser males para algunos de vosostros. Esperáis que se vendan baratos y es posible que los den por menos de lo que cuestan; pero si no lo necesitáis, serán caros para vosotros. Recordad que el Pobre Ricardo dice: *compra lo que no te hace falta y pronto venderás lo que necesitas. Y ante una ganga reflexiona un rato*, es decir, que acaso la baratura sea sólo aparente y no real; o que la ganga, al obligarte a un esfuerzo, te hace más daño que bien, porque según dice en otro lugar, *muchos se han arruinado por comprar gangas*. También dice el Pobre Ricardo, *que es una locura invertir nuestro dinero en una compra de arrepentimiento*: sin embargo, esa locura se practica cada día en las subastas, por que no se piensa en el almanaque. *Los hombres sensatos, dice el Pobre Ricardito, aprenden con el daño ajeno, los tontos ni siquiera con el propio*; pero *felix quem faciunt aliena periculacautum*. Más de uno por llevar lujos a la espalda anda con el estómago vacío y tiene hambrienta a su familia. *La seda y el satén, el terciopelo y la grana, apagan el fuego de la cocina*, como dice el Pobre Ricardo.

"Esas no son las necesidades de la vida; apenas si se les puede llamar conveniencias y, sin embargo, sólo porque son bonitas, ¡Cuántas quieren tenerlas! Así las necesidades artificiales de la humanidad llegan a ser más numerosas que las naturales; y como dice el Pobre Ricardito, *por cada persona pobre hay cien indigentes*. Por esas y otras extravagancias la gente acomodada se ve en la miseria y obligada a pedir prestado a aquellos a quienes antes despreciaba, pero que con su industria y frugalidad han mantenido su posición, en cuyo caso se ve claramente que un *labrador de pie es más alto que un caballero de rodillas*, como dice el Pobre Ricardo. Quizás heredaron una pequeña propiedad y no saben como se gana; piensa que *es de día y nunca vendrá la noche*, que gastar un poco de tanto no tiene importancia. *Un niño y un loco*, como dice el Pobre Ricardo, *creen que veinte chelines y veinte años no se acaban nunca, pero si siempre se saca una olla y nunca se pone nada, pronto se llegará al fondo*. Como dice el Pobre Ricardo *cuando el pozo estás seco saben lo que vale el agua*. Pero esto podrían haberlo sabido antes, si hubiesen atendido sus consejos. *Si quieres saber el valor del dinero, intenta pedir prestado; quien va a pedir va a sufrir*; y es cierto que también sufre quien presta a tal gente cuando intenta recobrar lo prestado el Pobre Ricardo da más consejos y dice:

> *Segura maldición es el orgullo en el vestir; debes consultar tu bolsa antes que el capricho oír.*

"Y también dice que *el orgullo mendiga con tanta exigencia como la necesidad, pero es mucho más desvergonzado*. Cuando has comprado una cosa bonita tienes que comprar diez más, para que tu aspecto sea todo parejo, pero el Pobre Ricardo dice: *es más fácil reprimir el primer deseo que satisfacer a todos los que le siguen*. Y es tan loco el pobre que imita al rico como la rana que hincha para igualar al buey.

Las grandes fragatas pueden aventurarse, pero los botes chicos cerca de la costa han de quedarse.

"Una locura, sin embargo, pronto recibe su castigo porque *el orgullo que almuerza con la vanidad cena con el desprecio*, como dice el Pobre Ricardo. Y en otro lugar, *el orgullo almorzó con la abundancia, comió con la pobreza y cenó con la infamia*, después de todo, ¿de qué sirve ese orgullo de las apariencias por lo que tanto se arriesga, tanto se sufre? No puede dar la salud ni mitigar el dolor; no aumenta el mérito de la persona, suscita la envidia y precipita desdicha. El Pobre Ricardo dice:

¿Qué es una mariposa? Solamente un gusano con bellos adornos. Lo mismo que un petimetre, exactamente.

"¡Pero qué locura será contraer deudas por esas cosas superfluas! En esta venta se nos ofrecen seis meses de crédito; eso quizás ha inducido a algunos de nosotros a acudir; porque no podemos disponer del dinero y esperamos poder engalanarnos sin él. Pero ¡ah!, pensad en lo que hacéis cuando contraéis deudas; das a otro el poder sobre vuestra libertad. Si no podéis pagar cuando llegue el vencimiento, os avergonzaréis al ver a vuestro acreedor; tendréis miedo cuando habléis con él; inventaréis lastimosas y pobres excusas y, poco a poco, perderéis vuestro hábito de decir la verdad y os hundiréis en la bajeza de la mentira; pues como dice el Pobre Ricardo; *el segundo vicio es la mentira, el primero es endeudarse.* Y también con el mismo objeto dice: *la mentira cabalga a lomos de la deuda.* Un inglés que ha nacido libre no debe nunca avergonzarse o atemorizarse al mirar, o hablar a ningún hombre viviente. Pero la pobreza con frecuencia priva al hombre de todo ánimo y virtud. *A un saco vacío le es difícil mantenerse derecho,* como dice muy acertadamente el Pobre Ricardo.

"¿Qué pensaríais de un príncipe o de un gobierno que publicara un edicto por el cual os prohibiese vestir como un caballero? ¿No diríais que sois libres, que tenéis derecho a vestir como os plazca y que tal edicto atenta contra nuestros privilegios y tal gobierno es tiránico? ¡Y, sin embargo, váis a someteros a una tiranía semejante, cuando contraéis una deuda por aquel vestido! ¡Vuestro acreedor tiene autoridad, si le place, para privaros de vuestra voluntad y haceros encarcelar para toda la vida o venderos como siervos, si no podéis pagar! Cuando hayáis conseguido la ganga, quizá pensaréis poco en el pago; pero los *acreedores,* dice el Pobre Ricardo, *tienen más memoria que los deudores;* y en otro lugar dice: *los acreedores son una secta supersticiosa que observa rigurosamente los siete días y las horas.* Llega el día del vencimiento sin que os deis cuenta y se os reclama el pago antes de que estéis preparados para satisfacerlo. O bien si recordáis vuestra deuda, el plazo que al principio parecía muy largo, a medida que se acerca su término parece extremadamente corto. Diríase que el tiempo se ha puesto alas en los talones y en los hombres. *Corta es la Cuaresma,* dice el Pobre Ricardo, *para los que tienen que pagar en*

Pascua. Entonces, afirma, puesto que *el que pide prestado es esclavo del que presta y el deudor del acreedor*, desdeñad las cadenas, conservad vuestra libertad y mantened vuestra independencia; sed laboriosos y libres; sed frugales y libres. En este momento acaso os consideréis en situación próspera y penséis que es posible pagaros algún lujo sin sufrir daño, pero el Pobre Ricardo dice:

Para la vejez y la necesidad
ahorra mientras puedas;
que el sol de la mañana durará
el día entero, no lo creas.

"La ganancia puede ser temporal e incierta, pero mientras vivimos los gastos siempre son constantes y ciertos; y *es más fácil construir dos chimemeas que mantener una encendida*, como dice el Pobre Ricardo. *Así pues es mejor acostarse sin cenar que levantarse con deudas.*

Ganarás lo que puedas y lo que ganes guardarás, esta
es la piedra con la cual tu plomo en oro cambiarás.

"Y cuando tengáis la piedra filosofal, es seguro que no os quejaréis más de los malos tiempos ni de la dificultad en pagar los impuestos.

"Esta doctrina, amigos míos, es de razón y sabiduría; pero, después de todo, no confiéis demasiado en vuestra laboriosidad y frugalidad y prudencia, aunque éstas son cosas excelentes, porque pueden resultar inútiles sin la bendición del cielo; por lo tanto, pedid humildemente esa bendición y no seáis poco caritativos con aquellos a quienes en el momento presente parece faltarles, sino consoladlos y ayudadlos. Recordad ahora que Job sufrió y luego gozó de prosperidad.

Y ahora, para continuar: *La experiencia tiene una escuela cara, pero los tontos no aprenden en otra y apenas en ésa; pues es verdad que podemos dar consejos pero no podemos dar conducta,* como dice el Pobre Ricardo. *Y además quien no quiere escuchar a la razón tenga por seguro que recibirá sus golpes.* Sin embargo, recordad esto: *Los que no quieren ser aconsejados no pueden ser ayudados, como dice el Pobre Ricardo.*

Así terminó su arenga el anciano caballero. La gente lo oyó, aprobó su doctrina e inmediatamente hizo lo contrario, como si se hubiese tratado de un sermón común, pues se abrió la subasta y empezaron a comprar cosas superfluas, a pesar de las advertencias y de sus temores a los impuestos. Vi que aquel buen hombre había estudiado bien todos los almanaques y asimilado todo cuanto he puesto en esas sentencias en el transcurso de veinticinco años. La frecuencia con que me mencionaba debió haber cansado a cualquiera otro, pero mi vanidad se deleitó maravillosamente en ello, aunque me daba cuenta de que ni una décima parte de la sabiduría de aquellas frases era mía, sino que procedía más bien de la selección que había hecho de la sensatez de todas las épocas y naciones. Sin embargo, decidí que, siendo su eco, debía ser mejor y, aunque al principio estaba decidido a comprarme tela para un traje nuevo, me marché resuelto a llevar el viejo durante un tiempo más.

Lector, si tú hicieras lo mismo, tu provecho sería tan grande como el mío.

Soy, como siempre, tuyo para servirte,

Ricardo Saunders
(Benjamín Franklin)
7 de julio de 1757

PENSAR BIEN ES CREAR

Siempre que salga al aire libre, retraído el mentón, y erguida la cabeza, llene los pulmones hasta donde le sea posible. Beba el sol. Salude a sus amigos con una sincera sonrisa y en cada apretón de manos, ponga el alma. No tema ser mal comprendido y no desperdicie un solo minuto en pensar en sus enemigos. Busque la forma de determinar firmemente la idea de lo que desea hacer, y entonces, vaya directamente hacia la meta.

Mantenga fija su atención en las cosas grandes y espléndidas que le gustaría hacer, ya que a medida que pasen los días, observará que, inconscientemente, aprovecha todas las oportunidades requeridas para el cumplimiento de su deseo, igual que el zoófilo del coral obtiene de la marea los elementos que necesita. Fíjese la idea de la persona capaz, dinámica, útil que desea ser, y esa idea lo transformará hora tras hora en esa persona. Supremo es el pensamiento. Observe la actitud mental adecuada: la actitud del valor, la franqueza y el buen talante.

Pensar bien es crear: Todas y cada una de las cosas se realizan a través del deseo y todas las plegarias sinceras tienen respuesta.

Llegamos a identificarnos con las ideas que se fijan en nuestros corazones. Así, pues, retraiga el mentón, yerga su cabeza: *todos somos dioses en estado de crisálida.*

Helbert Hubbart

El control de la mente

Una de las grandes dificultades del hombre es el control de sus pensamientos, dificultad que se ve agravada en la actualidad por la incesante actividad mental fruto de la vida moderna.

La psicología ha demostrado que si bien es cierto que el torbellino de sensaciones producido por estímulos externos es uno de los motivos de inquietud mental, más importante son las poderosas fuerzas emocionales del sub-consciente cuya actividad es la que agita el oleaje de los pensamientos en el campo de la conciencia. Esto explica que todas aquellas ejercitaciones que precisan control directo del yo sobre los pensamientos —ejercicios de concentración mental de que está llena la literatura— no den generalmente mayor resultado, pues la tensión psíquica requerida para dicho control genera una contrafuerza subconsciente que se opone al vórtice mental que se intenta controlar y las consecuencias son: una lucha agotadora en el campo de la mente.

Mayor eficacia práctica tienen aquellos ejercicios que intentan aquietar la mente en forma indirecta.

J. H. Schultz, al estudiar las relaciones entre tensión muscular y actividad mental, llega a la conclusión de que así como una tensión psíquica se expresa habitualmente en una tensión muscular, la relajación de la musculatura permite lograr, por vía indirecta, un adecuado *silencio mental*. El método de Schultz, de autorrelajación concentrativa, que comienza con la relajación de la musculatura voluntaria y continúa generalizando dicha relajación a las funciones autómatas, lleva al ejercitante a grados bastante profundos de quietud mental y de control de los pensamientos y de la fantasía.

El examen retrospectivo, o sea el recuerdo ordenando en forma retrospectiva de los hechos ocurridos durante el día o en un espacio de tiempo mayor, parece ser el movimiento natural de la gente en estado de pasividad. Numerosos hechos registrados en personas en momentos cercanos a la muerte, sobre todo en sujetos semiasfixiados que luego han podido referir sus experiencias revelan que, en esos instantes, las imágenes de los hechos pasados desfilan ante la mirada expectante del moribundo en rápida sucesión retrospectiva, llegando a recordar en forma nítida los acontecimientos de la más temprana infancia. Cuando se quiere realizar este ejercicio en forma activa, con un esfuerzo de atención en busca de los recuerdos, se encuentra una gran dificultad, como si se fuera en contra de la corriente de los pensamientos; pero si previamente se relaja la musculatura corporal y se coloca la mente en estado pasivo, como el espectador dispuesto a observar el movimiento natural de la misma, se observa que los recuerdos fluyen en forma retrospectiva y que a lo sumo, hay que guiarlos con el esfuerzo mínimo de la atención para mantenerse despierto y evitar dispersiones.

El examen retrospectivo ha sido conocido desde la más remota antigüedad, practicando en diferentes formas y sujeto a diversas interpretaciones. Según Mircea Eliade, en textos budistas clásicos se describe este ejercicio "que consiste en remontar, por medio del recuerdo el curso de los días, de los meses y de los años, hasta llegar a la permanencia en la matriz... quemar el *karma* acumulado en experiencias realizadas y vencer el tiempo para sumergirse en la eternidad".

Lo cierto es que la práctica del examen retrospectivo va poniendo orden en la mente, facilita la evocación correcta de los recuerdos y da agilidad al pensamiento.

La oración y la meditación, aparte de su valor espiritual como ejercicios ascético-místicos, aquietan el lago de la mente, clarifican y ordenan las ideas, discriminan lo que es propio del ser de aquello que es reflejo de las opiniones ajenas y, en definitiva, ayudan a pensar en forma individual y desapasionada.

El hombre moderno necesita conquistar un *silencio mental* que ubique a su instrumento de pensamiento dentro de una jerarquía de funciones en la totalidad del ser, evitando que la razón se constituya como un poder autónomo, tiránico, generador de contradicciones y, finalmente, destructor de aquella individualidad expansiva y participante que idealmente se quiere realizar. El instrumento mental, debe ser conocido por el hombre través de un control de sí, que es una continua mirada objetiva hacia el fluir de su mente, hasta que conozca sus pensamientos, su origen y sus motivaciones. Sólo así podrá quebrar la identificación entre su ser y su fluir mental, cadena poderosa y esclavizante que se constituye en barrera casi infranqueable en su camino de liberación interior.

Ramón Pascual Muñoz Soler.

Receta infalible

Tome 12 hermosos y bien cultivados meses y separe de ellos completamente, todas las partículas de malquerencia. Arranque todas las pequeñas manchas de mezquindad. Téngalo todo fresco y limpio como cuando por primera vez viniera del almacén del tiempo. Corte esos meses en treinta pedazos y no intente con ellos hacer un atado completo al mismo tiempo. Mucha gente todo lo inutiliza por ese medio.

Separe un día por vez, como sigue: en cada día ponga doce partes de *fe,* once de *paciencia,* diez de *sinceridad,* nueve de *ánimo,* ocho de *perseverancia,* siete de *confianza,* seis de *descanso,* cinco de *lealtad,* cuatro de *esperanza,* tres de *caridad,* dos de *meditación* y una muy bien seleccionada de *resolución.*

Agregue a todo esto una cucharadita de *buen espíritu,* una leve rociada de *alegría,* un *pellizco de jovialidad,* una brizna de juego y una taza de *buen humor.* Vacíe el contenido total en una buena cantidad de *amor y felicidad* y mézclelo todo con júbilo.

Cocínelo enteramente con *calor fervoroso,* aderécelo con risas y con una ramita de *deleite.* Entonces sírvalo con *quietud, desinterés* y *coraje.* Y el resultado será, sin duda, un *excitante y exitoso año.*

Ruth Barrick

El evangelio

Los cerebros humanos son como compartimientos de estancos. Una posición súbita solo acertaría a romperlos. Las ideas se filtran lentamente, muy lentamente. Dejamos de ver a un amigo diez, quince años, y solemos encontrarlo al cabo de los lustros y a pesar de los viajes, tan lleno de prejuicios y de tonterías como antes.

Si nos empeñamos en hacer comprender ciertas verdades a espíritus aún no preparados, nos exponemos a suscitar su desdén o su mala voluntad.

A un millonario hispanoamericano, su secretario, hombre muy instruido, quería convencerle de ciertas modernas verdades científicas.

El millonario se encogía desdeñosamente de hombros, y en una ocasión le dijo:

—Esas son fantasías; y, además, no sirven para nada. Yo tengo una instrucción más sólida que usted: la prueba es que usted, con todo lo que pretende saber está a mis órdenes, y yo sin todas esas pamemas, soy inmensamente rico.

Imaginemos a Jesús dando a las rudas y sencillas gentes que le seguían, una conferencia astronómica...

Ese día hubiera terminado su misión, porque nadie le hubiera escuchado más.

Quién sabe cuántas veces, sin embargo, habrá dicho frases de un culto y profundísimo sentido "científico" (le llamaremos así); pero estas frases, no comprendidas por nadie, o apenas por dos o tres almas elegidas no podían constar en los Evangelios, escritos tantos años después de su muerte, según los relatos de Mateo, de Marcos y de Juan.

...Sin embargo en cierta noche misteriosa, en Jerusalén un judío, doctor de la ley, ansioso de verdad, fue a buscarle y conferenció con él, probablemente en algún melancólico patinillo de una casa de Jerusalén, a la luz de las estrellas.

Jesús estaría de pie, apoyado en un muro, con los grandes ojos oscuros, luminosos y profundos, divagados en la contemplación del infinito.

Nicodemus, con un aspecto tembloroso mezclado de curiosidad, de pie también, a su lado, le interrogaría.

Las sirvientas de la casa atravesarían de vez en cuando el patio de viejas baldosas desunidas, con pequeñas lámparas unas, otras con ordes ánforas, arreglando los menesteres domésticos.

Nicodemus dijo:...

La conversación referida más de medio siglo después, tiene todavía un penetrante aroma de enigma.

En ella se habló del verdadero origen y destino de la PSIQUIS. Sentimos aún que Jesús dijo palabras definitivas sobre nuestros perennes por qués.

En otra ocasión, el Maestro, en forma sencilla al parecer, familiar y encantadora por otro extremo, exclamó:

—EN LA CASA DE MI PADRE HAY MUCHAS MORADAS.

Los astrónomos admirables de hoy (1914), los Pickerings, los Lowell, los Flammarion, los Comas Solá, los Martín Gil, podrían grabar con estrellas de oro ese divino vínculo en sus observatorios, bajo sus giratorias cúpulas, frente a sus ecuatoriales.

(...)

No hay, pues, razón para hacer reproches a los Evangelios, porque no están de acuerdo con la ciencia actual. Si ahora mismo el Logos encarnarse de nuevo, ¿qué nos diría? Nos diría lo que pudiéramos entender, nada más. Y dentro de cien años solamente, los sabios del siglo XXI pedantescamente exclamarían: "¡Cómo vamos a aceptar por código un Evangelio que no está de acuerdo con las admirables conquistas de la ciencia actual!"

Y volverían las espaldas al volumen escrito esta vez de la propia mano de Jesús.

Por otra parte, él se dirigía a los corazones: los cerebros están dentro del tiempo, condicionados por el tiempo y en un perenne divorcio.

Los corazones no. El hablaba al Amor, que siempre es el mismo. El no quería convencer como un doctor, él quería persuadir como un padre.

Anhelaba que le amasen y lo siguiesen. Siempre que un dios venga a la tierra, anhelará esto. No abrirá cátedras en las Sorbonas, ni se dirigirá a los doctores, creyendo saber muchas cosas, lo calificarán despectivamente, de iluminado, lo harán adolecer de "automatismo ambulatorio" y lo dejarán peregrinar solo...

Hablará a las multitudes y, sobre todo, remediará sus miserias.

Incrustará sus máximas en almas sencillas y vírgenes, que será como incrustarlas en acero...

Por lo demás, Dios no pretende que lo comprendamos, porque sería una pretensión insensata: yo he dicho a propósito de esta comprensión:

(...)

Y en suma, ¿la ciencia ha encontrado ya la verdad? ¿No decía William Crookes que con lo que ignoramos podríamos construir otro universo?

¿No dijo Newton que los conocimientos del hombre con respecto a lo ignorado son como un grano de arena en comparación con el océano?

¿No sería posible que mañana, con un nuevo descubrimiento análogo (por ejemplo, el del radium), se subvirtiesen todos los sistemas científicos?

¿Cómo pretender pues, que un dios, supuesta su venida a la tierra, nos dé un Evangelio de actualidad científica inmediata, o bien un resumen de las verdades naturales del universo?

Un dios, por definición, no puede ser actual, puesto que está fuera de tiempo. La ciencia va hacia una lejanísima síntesis maravillosa, ahora inconcebible. ¿Cómo podríamos comprender esta síntesis? ¿Ni en qué lenguaje humano podría expresarse el por qué de todos los porques?

Es ilógico, por tanto —sin necesidad de recurrir a otras muchas consideraciones—, exigir un Evangelio la expresión técnica de todas las cosas.

Por otra parte, no olvidemos que la naturaleza, es decir, Dios, no ha recurrido últimamente a la conciencia como elemento de evolución.

La vida consciente no es más que de ayer. Nuestra razón es una recién llegada. Nuestras almas nadan aún en los océanos de lo inconsciente.

Lo que llamamos subconsciencia —ahora confinado temporalmente en su castillo interior— es la verdadera conciencia de las razas.

Pudiera ser que mañana terminada esta etapa de la razón razonante, que a tan fatales extremos nos ha traído en Europa en el año de gracia de 1914, fuese sustituída paulatinamente *por otro elemento de comprensión*.

¿Qué sabemos de lo que nos depara esta *boite á surprises* de la vida?

(...)

Vistos desde este ángulo los Evangelios, y sentidos con amor, sin exegésis vanas, acaso pudieran ser, después de la Guerra, el código moral de los hombres cultos y libres.

Amado Nervo

Las líneas de puntos suspensivos indican los pasajes en que el autor dejó incompleta la página. —N. de C.

El sermón

La ira

Oísteis que fue dicho a los antiguos: No matarás, y cualquiera que lo hiciere será culpable de juicio.

Pero yo os digo que cualquiera que se enoje contra su hermano, será culpable de juicio; y cualquiera que le diga Necio, quedará expuesto al sufrimiento.

Por tanto, si traes tu ofrenda al altar, y allí te acuerdas de que tu hermano tiene algo contra ti, deja allí tu ofrenda delante del altar y ve, reconcíliate primero con tu hermano, y entonces anda y presenta tu ofrenda.

Ponte de acuerdo con tu adversario pronto, en tanto vas con él por el camino, no sea que el adversario te entregue al juez y el juez al alguacil, y seas echado en la cárcel.

De cierto te digo que no saldrás de allí, hasta que pagues la moneda.

El divorcio

También se ha dicho: Cualquiera que repudie a su mujer dele carta de divorcio. Pero yo digo también que el que repudia a su mujer por causa justificada y no cumple, dándole carta de divorcio, hace que ella adultere y obliga al que se casa con la repudiada a cometer adulterio; por lo tanto, evitar las aflicciones y obrar conforme a la ley.

Los Juramentos

Además, habeís oído que fue dicho a los antiguos: No perjurarás sino cumplirás al Señor tus juramentos.

Pero yo os digo: No juréis en ninguna manera; ni por el cielo que es el trono de Dios; ni por la tierra, porque es el estrado de sus pies; ni por tu cabeza jurarás, porque no puedes hacer negro o blanco un solo cabello.

Sea vuestro hablar: Sí, sí: no, no: por que lo que es más de esto, de mal procede.

El amor hacia los enemigos

Oísteis que fue dicho: Ojo por ojo, y diente por diente. pero yo os digo: No resistáis al que es malo; antes, a cualquiera que te hiere en la mejilla derecha, vuélvele también la otra; y al que quiera incitarte a pleito y quitarte la túnica, déjale la capa; y a cualquiera que te obligue a llevar carga por un kilómetro, ve con él dos.

Y al que te pida, dále; y al que quiera tomar de ti prestado, no se lo rehúses.

Oísteis que fue dicho: Amarás a tu prójimo, y aborrecerás a tu enemigo. pero yo os digo: Amad a vuestros enemigos, bendecid a los que os maldicen, haced bien a los que os aborrecen, y orad por los que os ultrajan y os persiguen; para que seáis hijos de vuestro Padre que está en los cielos, que hace salir su sol sobre malos y buenos y que hace llover sobre justos e injustos. Sed, pues, perfectos, como vuestro Padre que está en los cielos es perfecto.

La limosna

Guardaos de hacer vuestra justicia delante de los hombres, para ser vistos de ellos; de otra manera no tendréis recompensa de vuestro Padre que está en los cielos.

Cuando, pues, des limosna, no hagas alarde, como hacen los hipócritas en las calles y en los templos, para ser alabados por los hombres; de cierto os digo que ya tienen su recompensa; más tú, cuando ores, entra en tu aposento y cerrada la puerta, ora a tu Padre que está en los cielos, ora a tu Padre que está en secreto; y tu Padre que ve en lo secreto te recompensará en público.

Y orando, no uséis vanas repeticiones, como los idólatras, que piensan que por su palabrería serán oídos.

No os hagáis, pues, semejantes a ellos, porque vuestro Padre sabe de qué cosas tenéis necesidad antes que vosotros le pidáis.

Vosotros, pues, oraréis así: *Padre nuestro que estás en los cielos, tu nombre es santificado. Tu reino venga a nosotros. Aceptamos tu voluntad, como en el cielo; así también aquí en la tierra. Gracias te damos por el pan de cada día. Y perdónanos nuestras deudas, si es que nosotros perdonamos a nuestros deudores. Y no caeremos en tentación porque tú nos librarás del mal; pues tuyo es el reino y el poder y la gloria por todos los siglos. Amén.*

El afán y la ansiedad

Por tanto os digo: No os afanéis por vuestra vida, qué habéis de comer, o que habéis de beber; ni por vuestro cuerpo, qué habéis de vestir. ¿No es la vida más que el alimento, y el cuerpo más que el vestido? Mirad las aves del cielo, que no siembran ni ciegan ni recogen en graneros; y vuestro Padre celestial las alimenta. ¿No valéis vosotros mucho más que ellas? ¿Y quién de vosotros podrá, por mucho que se afane, añadir a su estatura un milímetro?

Y por el vestido, ¿por qué os afanáis? Considerad los lirios del campo, cómo crecen: no trabajan ni hilan; pero os digo, que ni aún Salomón con toda su gloria se vistió como uno de ellos. Y si la hierba del campo que hoy es, y mañana se echa en el horno, Dios la viste así, ¿no hará mucho más a vosotros, hombres de poca fe?

No os afanéis, pues, diciendo: ¿Qué comeremos, o qué beberemos, o qué vestiremos? Porque vuestro Padre celestial sabe que tenéis necesidad de estas cosas.

Más concentraos primero en el reino de Dios y su bondad, y todas estas cosas os serán añadidas.

Así que, no os preocupéis por el día de mañana, porque el día de mañana traerá su afán.

El juzgar a los demás

No juzguéis, para que no seáis juzgado. Porque con el juicio con que juzgáis, seréis juzgados, y con la medida con que medís, seréis medidos. ¿Y por qué miras la paja que está en el ojo de tu hermano y no echas de ver la viga que está en tu propio ojo?¿O cómo dirás a tu hermano: Déjame sacar la paja de tu ojo, y he aquí la viga en el tuyo?

¡Hipócrita! saca primero la viga de tu propio ojo y entonces verás bien para sacar la paja del ojo de tu hermano.

La regla de oro

Pedid y se os dará; buscad y hallaréis; llamar, y se os abrirá. Porque todo aquel que pide recibe; y el que busca halla; y al que llama, se le abrirá. ¿Qué hombre hay de vosotros, que si su hijo le pide pan le dará una piedra? ¿O si le pide un pescado, le dará una serpiente? Pues si vosotros siendo malos, sabéis dar buenas dávidas a vuestros hijos, ¿cuánto más vuestro Padre que está en los cielos dará buenas cosas a los que le pidan?

Así que todas las cosas que querías que los hombres hagan por vosotros, así también haced vosotros con ellos; porque esta es la ley.

Por sus frutos los conoceréis

Guardaos de los falsos profetas, que vienen a vosotros con vestidos de ovejas, pero por dentro son lobos rapaces. Por sus frutos los conoceréis. ¿Acaso se recogen uvas de los espinos, o higos de los abrojos? Así, todo buen árbol da buenos frutos, pero el árbol malo da frutos malos. No puede el buen árbol dar malos frutos, ni el árbol malo dar frutos buenos. Así que, por sus frutos los conoceréis.

Nunca os conocí

No todo el que me dice: Señor, Señor, estará en el reino de los cielos, sino el que hace la voluntad de mi Padre que está en los cielos. Muchos me dirán en aquél día: Señor, Señor, ¿no profetizamos en tu nombre, y en tu nombre echamos fuera malos pensamientos y en tu nombre hicimos muchos milagros? Y entonces les declararé: nunca os conocí, apartaos de mí, hacedores de maldad. ¡Oh! ¡Jerusalem, Jerusalem, que matas a los profetas y a los que son enviados a ti! ¡Cuántas veces quise juntar a tus hijos como la gallina sus pollos debajo de sus alas, y no quisiste!

Los dos cimientos

Cualquiera pues, que oye estas palabras, y las hace, le compararé a un hombre prudente, que edificó su casa sobre la roca. Descendió lluvia y vinieron ríos, y soplaron vientos, y golpearon contra aquella casa; y no cayó, porque estaba fundada sobre la roca. Pero cualquiera que oye estas palabras y no las hace, le compararé a un hombre insensato que edificó su casa sobre la arena; y descendió lluvia, vinieron ríos, y soplaron vientos, y dieron con ímpetus contra aquella casa y cayó, y fue grande su ruina.

Y cuando terminó Jesús estas palabras, la gente se admiraba de su doctrina; porque les enseñaba con firme autoridad.

BIBLIOGRAFÍA

El camino de la fortuna
Franklin, Benjamín, *Autobiografía de Benjamín Franklin,* (trad. Agusti Barta) pp. 253-263.

El hombre (extracto)
Carlos A. Madrazo.

No permita que nadie le haga desistir de ser usted mismo
Hill, Napoleón, Bracamonte, M, *¿Cómo Hacerse Rico sin Preocupaciones?* Diana, México. pp. 138-140

Adquisición de la riqueza
Spencer Lewis, H, PH.D. *Principios Rosacruces para el Hogar y los Negocios, (biblioteca Rosacruz),* AMORC, Vol.II, pp. 112-115.

La amistad es una alma en dos cuerpos
Leguz, L. G., *Magris,* pp. 70 a 72.

Dar
Nervo, Amado, *plenitud,* pp. 23 a 24.

¿Quién es una persona normal?
Carpio, Frank S., M. D. *Sea usted su propio psiquiatra,* (trad. José Antonio Rico), páginas 51 a 52.

El amor: su poder
Editorial Kier, *¡Despertar, Hijos de la Luz!,* pp. 35-38.

Plenitud
Nervo, Amado. *Plenitud,* pp. 15 a 16.

¿No sabe sonreír?
Carnegie, Dale. *¿Cómo ganar amigos e Influir en las personas?* (trad. Román R. Jiménez).

Venganza
González, Juan T., *Fuentes Vivas*, pp. 97 a 99.

El trueno
Trine. R. W. *En Armonía con el Infinito* (trad. Federico Climent Terrer), pp. 47-50.

La mayoría de los temores son infundados
Leguz, L. G. *Margis*, pp. 67 a 69.

Madurez
Schindler, John, A. M. D. *¿Cómo Vivir 365 Días del Año?*, (trad. Baldomero Porta), pp. 109 y 119.

La regla de oro
Carnegie, Dale. *¿Cómo ganar amigos e influir en las personas?* (trad. Román R. Jiménez).

Optimismo
González, Juan T. *Fuentes Vivas*, páginas 107-109.

El control de la mente
Muñoz Soler, Ramón Pascual, *Gérmenes de Futuro en el hombre*, pp. 99 -102.

La necesaria imperturbabilidad
La palabra, pp. 80-83.

Imposible
González, Juan T. *Fuentes vivas*, pp. 45 a 48.

¿Cómo es?
Nervo, Amado, *Plenitud*, pp. 73-74.

El éxito.
Jagot, Paul C. *Sugestión*, pp. 158 a 169.

El Evangelio
Nervo, Amado, *Plenitud*, pp. 161-168.

Simónides el náufrago
Ediciones Ibéricas. *Fábulas Completas* (trad. Juan y José Bergua), pp. 191-192.

La gran ciencia
Confucio. *Confucio. Los Cuatro libros Clásicos* (Traductor Oriol Fina Sanglas), pp. 45-47.

Esta obra se terminó de imprimir
en junio de 2003 en los talleres de
Litográfica Ingramex, S.A. de C.V.
Centeno 162-1, Col. Granjas Esmeralda
C.P. 09810 México, D.F.

La edición consta de 3 000 ejemplares
más sobrantes para reposición